SPORTS
WORDSEARCHES

Phil Clarke

Illustrated by Sean Longcroft

Designed by Michael Hill

HOW TO SOLVE WORDSEARCHES

The goal of a wordsearch is to find in the grid all the words shown below and to draw around them. In the first wordsearches in this book, the hidden words are written across or down the grid. From Wordsearch 8 some of the hidden words are written diagonally, and from Wordsearch 40 onwards some of them are written backwards too.

Example puzzle

R	C	Y	C	L	E	P
Y	A	L	P	M	U	J
H	E	O	I	M	N	S
R	I	N	R	M	H	K
U	A	A	E	O	B	I
N	W	C	O	N	K	C
H	E	T	E	D	H	K

Solution

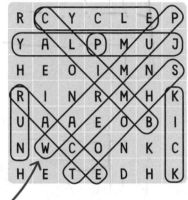

Phrases and words with hyphens have no gaps in the grid.

RUN	CLIMB	CYCLE
KICK	JUMP	SHOOT
PLAY	RACE	WARM-UP

WORDSEARCH TIPS

1. Scan across and down the grid for the first letter of your word or phrase, then search the letters around it for the next one.

2. Look for the longest words first: they have to start or end near the edge of the grid.

3. Look for words with easy-to-spot letters, such as "O" or "Q".

4. Look out for double letters, such as the "OO" in SHOOT.

5. Try to picture your target word spelled out backwards.

ALL SORTS OF SPORTS

B	A	S	E	B	A	L	L	L	I
F	T	B	A	B	L	G	Y		C
O	H	D	G	O	L	F		R	E
O	L	R	W	X	T	L		U	H
T	E	N	N	I	S	F		G	O
B	T	E	F	N	F	K		B	C
A	I	H	L	G	X	I		Y	K
L	C	R	I	C	K	E	T		E
L	S	M	O	T	O	G	P		Y

ICE HOCKEY ✓ TENNIS ✓ FOOTBALL ✓
CRICKET ✓ MOTO GP ✓ BASEBALL ✓
ATHLETICS ✓ BOXING ✓
RUGBY ✓
GOLF ✓

BOWLING

2

G	S	P	L	I	T	A	L	S
U	L	F	O	O	H	P	A	T
T	U	R	K	E	Y	P	N	R
T	F	A	S	P	A	R	E	I
E	O	M	H	U	H	O	O	K
R	U	E	O	E	G	A	M	E
A	L	L	E	Y	G	C	I	V
C	O	S	S	P	L	H	S	A
K	I	N	G	P	I	N	S	N

ALLEY GUTTER KINGPIN APPROACH
GAME   SHOES   FRAME   TURKEY
               FOUL   STRIKE
               SPLIT   SPARE
               LANE   HOOK
               MISS   RACK

M	B	O	C	C	E	R	M	F
A	C	O	U	B	P	J	A	O
R	R	A	R	C	H	E	R	Y
B	O	W	L	S	P	O	B	D
O	Q	D	I	R	O	U	L	A
U	U	S	N	O	O	K	E	R
L	E	F	G	M	L	O	S	T
E	T	C	O	N	K	E	R	S
S	H	O	O	T	I	N	G	W

SHOOTING   DARTS   CROQUET

MARBLES   BOULES   CURLING

CONKERS   ARCHERY   BOWLS

BOCCE   SNOOKER

POOL

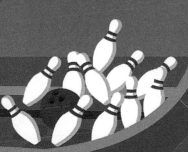

4

SOCCER

F	R	E	E	K	I	C	K	O
E	J	C	A	P	T	A	I	N
R	O	E	D	U	A	K	C	R
S	C	O	R	E	C	W	K	E
C	U	P	I	C	K	G	O	F
R	R	L	B	A	L	L	F	E
O	F	F	B	K	E	M	F	R
S	H	A	L	F	T	I	M	E
S	A	V	E	I	B	B	L	E

KICK OFF   BALL   FREE KICK
CAPTAIN   CROSS   REFEREE
SCORE   DRIBBLE   TACKLE
CUP   HALF TIME   SAVE

WORLD CUP WINNERS

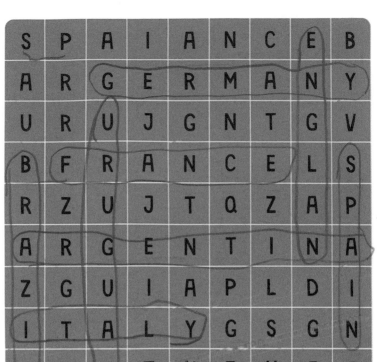

S	P	A	I	A	N	C	E	B
A	R	G	E	R	M	A	N	Y
U	R	U	J	G	N	T	G	V
B	F	R	A	N	C	E	L	S
R	Z	U	J	T	Q	Z	A	P
A	R	G	E	N	T	I	N	A
Z	G	U	I	A	P	L	D	I
I	T	A	L	Y	G	S	G	N
L	W	Y	T	X	Z	U	E	F

URUGUAY ✓　GERMANY ✓　ENGLAND ✓　FRANCE ✓
ITALY ✓　BRAZIL ✓　ARGENTINA ✓　SPAIN ✓

SNOOKER

P	I	N	K	L	P	W	M	P
U	L	D	I	N	O	F	F	O
S	C	H	S	L	T	R	D	C
H	U	R	S	B	R	E	A	K
S	E	B	A	I	Z	E	U	E
H	B	R	O	W	N	B	V	T
O	A	E	G	C	H	A	L	K
T	L	D	O	U	B	L	E	V
P	L	A	N	T	C	L	J	C

DOUBLE ✓   POT ✓   FREE BALL ✓
PLANT ✓   BAIZE ✓   POCKET ✓
BREAK ✓   BROWN ✓   IN-OFF ✓
PINK ✓   CUE BALL ✓   CHALK ✓
RED ✓   PUSH SHOT ✓   KISS ✓

R	E	M	T	Y	C	A	J	S
F	R	A	M	E	N	R	C	N
O	G	X	B	L	A	C	K	O
U	M	I	A	L	O	U	L	O
L	L	M	R	O	G	E	G	K
B	L	U	E	W	U	S	R	E
M	A	M	S	P	I	D	E	R
S	N	D	T	A	B	L	E	E
Y	C	U	S	H	I	O	N	D

MAXIMUM ✓   BLUE ✓   SNOOKERED ✓
FRAME ✓   GREEN ✓   YELLOW ✓
TABLE ✓   SPIDER ✓   BLACK ✓
REST ✓   CUSHION ✓   FOUL ✓
CUE ✓

TENNIS

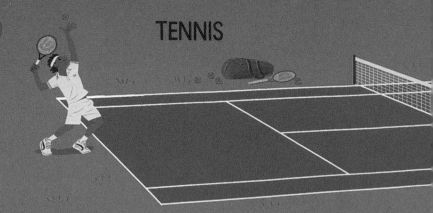

U	S	S	E	R	V	E	R	S	L
T	O	U	R	N	A	M	E	N	T
G	B	R	H	A	R	L	O	G	I
A	T	V	E	S	G	D	R	V	E
M	O	N	O	N	E	H	O	U	B
E	P	F	I	L	C	T	I	S	R
L	S	S	B	T	L	R	A	O	E
S	P	M	A	U	O	E	V	P	A
V	I	M	A	C	V	K	Y	E	K
W	N	F	O	R	E	H	A	N	D

TIE BREAK ✓	SET ✓	TOURNAMENT ✓
US OPEN ✓	GAME ✓	FOREHAND ✓
FAULT ✓	MATCH	SINGLES
SERVE ✓	TOPSPIN ✓	VOLLEY ✓
ACE ✓	WIMBLEDON ✓	LOVE ✓

G	R	A	N	D	S	L	A	M	N
C	D	O	U	B	L	E	S	B	T
D	L	U	C	E	I	T	P	A	B
G	R	A	S	S	C	T	M	S	A
R	U	O	Y	D	E	U	C	E	C
A	M	R	P	K	Y	S	L	L	K
N	P	W	C	S	L	O	B	I	H
D	I	A	C	K	H	A	N	N	A
F	R	E	N	C	H	O	P	E	N
M	E	T	Z	Y	N	E	T	H	D

DROP SHOT   NET   FRENCH OPEN

DOUBLES   SLICE   BACKHAND

GRASS   UMPIRE   RACKET

CLAY   BASELINE   DEUCE

LOB   GRAND SLAM   LET

M	R	E	P	E	C	H	A	G	E
I	G	S	T	R	O	K	E	G	X
D	B	A	C	K	X	L	N	C	B
D	O	I	V	Q	B	I	V	I	A
L	W	F	L	U	T	T	E	R	C
E	P	D	O	A	R	L	O	C	K
C	A	D	R	D	B	U	O	Y	S
R	I	G	G	I	N	G	V	Q	T
E	R	E	P	E	V	A	G	E	O
W	E	B	C	S	H	E	L	L	P

BACKSTOP ✓   QUAD ✓   MIDDLE CREW ✓

STROKE ✓   BUOYS ✓   REPECHAGE ✓

DRIVE ✓   RATING ✓   BOW PAIR ✓

COX ✓   DOUBLE ✓   FLUTTER ✓

OARLOCK ✓   RIGGING ✓

SHELL ✓

H	S	P	O	O	N	C	S	C	C
F	S	A	I	L	Y	A	W	N	O
E	S	C	A	T	T	T	E	P	X
A	L	D	U	T	C	C	E	O	L
T	I	X	A	L	R	H	P	W	E
H	D	G	F	B	L	A	D	E	S
E	E	I	G	H	T	C	A	R	S
R	E	C	O	V	E	R	Y	T	Y
K	H	B	O	W	M	A	N	E	S
C	A	T	H	C	A	B	O	N	H

RECOVERY SLIDE CATCH A CRAB

BOWMAN SCULL REGATTA

SPOON BLADES COXLESS

PITCH FEATHER SWEEP

YAW POWER TEN EIGHT

CRICKET

B	B	O	W	L	E	R	M	C	Y
O	H	F	I	E	L	D	E	R	X
U	A	F	A	Y	R	I	A	I	K
N	T	S	L	I	P	D	S	C	P
C	T	I	X	H	N	J	U	K	S
E	R	D	H	U	O	D	U	E	L
R	I	E	O	P	D	W	H	T	G
Z	C	B	A	I	L	S	Z	B	P
H	K	W	Z	S	A	S	E	A	M
U	M	P	I	R	E	H	W	T	T

BOUNCER ✓   SLIP ✓   BOUNDARY ✓   DUCK
BOWLER ✓   ASHES ✓   HOWZAT ✓   CREASE ✓
BAILS ✓   FIELDER ✓   UMPIRE ✓   OFF SIDE ✓
SIX ✓   HAT TRICK ✓   SEAM ✓   CRICKET BAT ✓

CRICKET

13

C	T	E	S	T	M	A	T	C	H
E	W	I	C	K	E	T	P	I	B
N	I	F	G	T	S	F	A	N	S
T	F	A	O	R	O	P	V	N	T
U	G	W	E	U	M	A	I	I	U
R	O	V	G	B	R	D	L	N	M
Y	O	R	K	E	R	S	I	G	P
A	G	F	U	L	L	T	O	S	S
I	L	I	O	N	W	X	N	C	D
D	Y	L	E	G	S	I	D	E	T

CENTURY   SPIN   FULL TOSS   PADS
STUMPS   OVERS   INNINGS   YORKER
FOUR   GOOGLY   WICKET   LEG SIDE
TEA   PAVILION   RUNS   TEST MATCH

MARTIAL ARTS

K	I	C	K	B	O	X	I	N	G
H	A	P	K	I	D	O	I	A	R
W	S	R	S	V	U	O	D	U	A
I	M	U	A	Y	T	H	A	I	P
N	M	V	M	T	E	F	Q	U	P
G	A	C	B	L	E	S	P	V	L
C	A	P	O	E	I	R	A	P	I
H	B	K	U	N	G	F	U	T	N
U	P	G	R	B	U	I	O	Q	G
N	T	A	E	K	W	O	N	D	O

KICKBOXING ✓   ARNIS ✓   GRAPPLING ✓
WING CHUN ✓   KUNG FU ✓   CAPOEIRA
HAPKIDO ✓   MUAY THAI ✓   KARATE
SAMBO   TAEKWONDO ✓   MMA ✓

MARTIAL ARTS

15

W	K	J	U	J	I	T	S	U	J
R	R	I	C	S	A	V	A	T	E
E	A	T	T	L	H	N	A	Q	E
S	V	A	I	K	E	D	N	O	T
T	M	S	J	E	L	A	T	R	K
L	A	N	I	N	J	U	T	S	U
I	G	I	X	D	A	J	W	O	N
N	A	N	C	O	T	S	U	V	E
G	W	U	S	H	U	V	J	D	D
J	U	O	D	A	I	K	I	D	O

~~JEET KUNE DO~~   ~~JUDO~~   WRESTLING
NINJUTSU   AIKIDO   SAVATE
WUSHU   JU JITSU   KENDO
~~TAI CHI~~   KRAV MAGA   SILAT

BEACH VOLLEYBALL

A	D	S	F	L	O	A	T	E	R
C	J	I	I	F	T	R	V	R	M
O	N	T	N	D	F	R	S	F	O
B	S	P	I	K	E	F	O	W	A
R	O	L	L	S	H	O	T	A	J
A	J	J	P	I	R	N	U	T	U
V	O	M	H	E	O	X	S	T	M
B	U	M	P	S	E	T	O	A	Y
J	S	Y	S	C	B	L	O	C	K
A	T	T	K	C	A	U	F	K	B

ROOF   JOUST   JUMP SERVE   BLOCK   SPIKE

DINK   COBRA   ROLL SHOT   ATTACK   PEEL

FLOATER   BUMP SET   ON-TWO

SIDE OUT

BEACH VOLLEYBALL

T	Z	C	H	O	P	S	H	O	T
H	S	I	G	A	T	O	R	K	K
S	K	Y	B	V	L	E	K	F	S
W	P	A	S	S	B	G	D	E	K
I	A	N	D	I	R	A	L	L	Y
N	D	T	L	S	G	R	Y	P	B
D	T	E	I	Z	S	N	G	Z	A
K	O	N	G	P	A	E	A	I	L
W	I	N	O	Q	N	W	A	L	L
B	E	A	C	H	D	I	G	U	S

PASS   RALLY   CHOP SHOT   KONG   SAND

TIP   LIBERO   BEACH DIG   POKEY   WIND

SIGNALS   ANTENNA   GATOR

SKY BALL

FENCING

P	I	S	P	E	F	O	R	T	E
O	E	P	I	I	E	O	E	B	T
M	E	A	S	K	I	C	I	A	G
M	A	R	T	I	N	G	A	L	E
E	P	R	E	A	T	L	L	E	N
L	L	Y	V	O	R	Y	L	S	G
B	O	D	Y	W	I	R	E	T	A
O	A	T	T	A	C	K	Z	R	R
U	B	A	L	E	Z	T	B	A	D
T	D	I	S	E	N	G	A	G	E

BODY WIRE   BOUT   MARTINGALE

ADVANCE   FEINT   BALESTRA

PARRY   ATTACK   POMMEL

ALLEZ   EN GARDE   FORTE

FOIL   DISENGAGE   PISTE

P	B	H	T	H	R	U	S	T	E
R	E	C	O	V	E	R	Y	B	P
E	A	D	U	F	O	I	B	L	E
P	T	G	C	B	I	P	L	A	E
R	A	U	H	E	M	O	K	D	L
I	L	A	E	R	B	S	M	E	U
S	P	R	O	N	A	T	I	O	N
E	Y	D	N	M	S	E	Q	K	G
P	L	A	S	T	R	O	N	I	E
T	O	U	F	L	E	C	H	E	T

RECOVERY   EPEE   PRONATION

THRUST   FOIBLE   RIPOSTE

LUNGE   TOUCHE   FLECHE

BLADE   REPRISE   GUARD

BEAT   PLASTRON   MASK

CANOEING

C	E	S	K	E	E	L	E	V	U
A	B	L	A	D	E	F	S	N	P
P	A	D	P	D	E	C	K	K	S
S	P	R	A	Y	S	K	I	R	T
I	L	K	D	H	W	B	M	Z	R
Z	P	A	D	L	E	J	O	C	E
E	M	Y	L	P	E	N	R	H	A
S	L	A	E	O	P	M	O	U	M
E	S	K	I	M	M	O	L	T	N
C	Q	G	U	N	W	A	L	E	N

SPRAY SKIRT   BLADE   ESKIMO ROLL

UPSTREAM   KAYAK   GUNWALE

SLALOM   CAPSIZE   PADDLE

CHUTE   SWEEP

DECK   EDDY

RUN   KEEL

CANOEING

D	G	R	B	R	O	A	C	H	D
O	Q	A	X	C	A	N	O	E	O
W	C	P	T	T	R	Q	C	O	W
B	R	I	B	E	A	M	K	B	N
O	B	D	T	A	S	D	P	E	S
W	A	S	H	S	P	R	I	N	T
H	F	L	A	T	W	A	T	E	R
A	U	B	E	E	M	W	W	Z	E
N	O	L	O	M	L	E	O	L	A
D	O	W	L	S	P	R	A	N	M

BOWHAND   STEM   DOWNSTREAM
RAPIDS   DRAW   COCKPIT
GATES   CANOE   SPRINT
WASH   BROACH   STERN
BEAM   FLATWATER   HULL

GOAL SPORTS

T	R	U	G	H	O	C	K	E	Y	F
B	F	Q	P	O	G	Y	N	N	T	L
A	A	O	R	L	A	C	K	E	T	O
S	K	N	O	P	O	L	O	T	H	O
K	H	R	D	T	M	E	B	B	U	R
E	O	I	Y	Y	B	B	C	A	R	B
T	H	A	N	D	B	A	L	L	L	A
B	A	S	K	T	C	L	L	L	I	L
A	R	U	G	B	Y	L	Z	L	N	L
L	A	C	R	O	S	S	E	U	G	Q
L	O	O	R	B	A	L	I	W	Y	C

NETBALL   FLOORBALL   BASKETBALL   FOOTBALL

HOCKEY   CYCLE BALL   HANDBALL   HURLING

RUGBY   GOALBALL   LACROSSE   SHINTY

POLO   BANDY

S	O	U	T	H	A	F	R	I	C	A
W	O	F	S	W	E	D	E	N	M	R
I	B	U	I	T	A	L	Y	F	E	G
T	G	R	T	E	I	V	K	R	X	E
Z	E	U	A	H	P	S	P	A	I	N
E	R	G	C	Z	K	R	N	N	C	T
R	M	U	E	P	I	O	O	C	O	I
L	A	A	S	R	A	L	R	E	E	N
A	N	Y	G	S	M	L	D	E	F	A
N	Y	S	U	G	I	J	A	P	A	N
D	O	E	N	G	L	A	N	D	Z	R

SOUTH KOREA   SOUTH AFRICA

ARGENTINA   ITALY   SWITZERLAND

ENGLAND   JAPAN   URUGUAY

RUSSIA   MEXICO   FRANCE

CHILE   SWEDEN   BRAZIL

USA   GERMANY   SPAIN

BASKETBALL

S	L	A	M	R	U	N	B	U	N	S
B	L	O	C	K	N	S	W	I	S	H
F	A	S	T	B	R	E	A	K	B	O
R	Y	O	P	R	E	E	T	E	R	O
E	U	A	O	E	D	N	H	L	O	T
E	P	I	X	B	I	S	F	B	U	K
T	U	R	N	O	V	E	R	O	F	H
H	O	B	P	U	R	O	X	W	I	B
R	X	A	L	N	H	O	T	J	G	Y
O	B	L	A	D	B	A	S	K	E	T
W	S	L	A	M	D	U	N	K	F	T

SWISH	TURNOVER
POINT	BOX OUT
BLOCK	AIRBALL
BASKET	LAY UP
REBOUND	SHOOT
SLAM DUNK	ELBOW
FAST BREAK	KEY
FREE THROW	

BASKETBALL

A	L	L	E	P	R	E	S	S	P	E
M	A	S	S	I	S	T	E	E	L	D
B	C	E	D	C	Z	C	B	L	N	A
A	C	A	R	K	T	R	A	V	E	L
N	O	V	I	A	O	O	C	R	F	L
K	U	O	B	N	G	J	K	G	R	E
S	R	M	B	D	O	U	B	L	E	Y
H	T	X	L	R	O	M	O	C	W	O
O	O	E	E	O	N	P	A	C	K	O
T	I	O	A	L	L	E	R	D	R	P
F	E	K	P	L	T	X	D	A	U	T

BACKBOARD	JUMP	PICK AND ROLL
DRIBBLE	CARRY	BANK SHOT
ASSIST	TRAVEL	DOUBLE
STEAL	ALLEY OOP	COURT
HOOP	FIELD GOAL	PRESS

RUGBY

S	C	R	U	N	B	D	U	M	M	Y
I	A	L	I	N	E	O	U	T	P	H
X	F	O	M	P	P	R	B	A	B	A
N	L	B	T	A	C	K	L	E	R	N
A	Y	D	U	S	T	R	Y	B	E	D
T	H	W	R	S	E	K	N	M	A	O
I	A	S	N	V	I	R	U	C	K	F
O	L	I	O	N	S	N	Z	O	D	F
N	F	X	V	U	F	B	B	J	O	U
S	E	V	E	N	S	F	D	I	W	L
C	H	A	R	G	E	D	O	W	N	L

LIONS   SIX NATIONS   TRY   TURNOVER

SEVENS   FLY HALF   SIN BIN   LINE-OUT

DUMMY   TACKLE   OVERLAP   SCRUM

HAND OFF   RUCK   BREAKDOWN

CHARGE DOWN   PASS

RUGBY

M	A	L	L	B	L	A	C	K	S	F
E	C	M	M	T	L	Z	H	R	I	O
N	O	R	A	O	D	H	G	A	S	R
D	N	G	R	U	B	B	E	R	K	W
R	V	R	K	C	L	P	C	K	B	A
O	E	U	P	H	A	D	A	D	A	R
P	R	O	R	L	O	C	K	C	C	D
K	S	P	R	I	N	G	B	O	K	S
I	I	A	F	N	P	R	O	P	S	A
C	O	N	P	E	N	A	L	T	Y	X
K	N	O	C	K	O	N	L	J	B	O

ALL BLACKS   PACK   SPRINGBOKS   LOCK
DROP KICK   HAKA   PENALTY   TOUCHLINE
GRUBBER   PROPS   MARK   CONVERSION
BACKS   KNOCK-ON
MAUL   FORWARDS

SKATEBOARDING

S	H	A	L	F	P	I	P	E	S	Y
K	S	H	I	F	T	Y	N	N	L	V
I	V	Q	P	A	N	O	L	L	I	E
N	O	L	T	K	O	A	B	F	D	R
D	T	G	R	I	P	T	A	P	E	T
Y	E	W	I	E	A	H	S	W	E	R
G	R	C	C	J	G	O	O	F	Y	A
R	A	O	K	S	H	U	V	I	T	M
A	L	R	E	U	D	B	L	D	F	P
B	I	S	K	A	T	E	P	A	R	K
A	E	P	Y	R	A	M	I	D	R	U

INDY GRAB   DECK   SKATEPARK
LIP TRICK   FAKIE   GRIP TAPE
NOLLIE   SHIFTY   REGULAR
GOOFY   PYRAMID   SHUVIT
SLIDE   HALFPIPE
AIR   VERT RAMP

SKATEBOARDING

```
F U N B O X T L S V A
R D Y O L L I E N O P
E A X P X G L T A G K
E L D H T R C N K F I
S L S T A I R S E T C
T E W T M N V E R T K
Y Y I O A D D E U X F
L O T A S L P R N Q L
E O C Z R S L B A F I
G P H H A R D F L I P
R K I C R U I S E R L
```

RAD	ALLEY OOP
OLLIE	FREESTYLE
GRIND	HANDRAIL
CASPER	KICKFLIP
FUNBOX	CRUISER
STAIRSET	SWITCH
HARDFLIP	STALL
SNAKE RUN	VERT

ICE HOCKEY

F	B	O	A	R	D	I	N	G	C	N
A	G	N	R	Z	A	M	B	O	N	I
C	A	T	C	H	E	R	G	A	L	C
E	P	U	C	K	F	A	O	L	N	I
O	H	E	C	D	R	B	A	T	C	N
F	R	I	N	G	O	A	E	E	T	G
F	T	G	Z	A	M	M	O	N	I	L
S	Q	G	O	A	L	J	U	D	G	E
P	E	N	N	E	L	T	S	E	J	C
O	Y	B	H	K	Q	A	Y	R	I	U
T	A	S	L	A	P	S	H	O	T	I

GOAL JUDGE	PUCK	FACE-OFF SPOT
CATCHER	PENALTY	SLAP SHOT
HELMET	BOARDING	ZAMBONI
ICING	GOALTENDER	STICK

ICE HOCKEY

F	P	L	A	V	R	K	N	O	E	Y
I	B	O	D	Y	C	H	E	C	K	S
S	T	A	W	L	Y	S	U	N	S	T
T	G	N	F	E	I	J	T	Q	O	A
I	G	O	V	B	R	U	R	I	R	N
C	R	E	A	S	E	P	A	B	I	L
U	E	H	B	L	U	E	L	I	N	E
F	T	S	I	O	L	N	Z	A	K	Y
F	Z	H	V	T	S	I	O	I	Y	C
S	K	R	E	D	L	I	N	E	V	U
S	Y	A	N	L	A	K	E	E	U	P

POWER PLAY   RINK   NEUTRAL ZONE
BLUE LINE   GRETZKY   BODY CHECK
RED LINE   GOAL LINE   FISTICUFFS
SLOT   STANLEY CUP   CREASE

JUMPING

C	R	O	S	S	B	A	R	H	F	H
H	O	R	H	P	O	L	E	V	O	T
I	C	F	H	I	R	O	C	K	S	P
T	K	L	A	N	D	I	N	G	B	O
C	B	I	N	K	A	O	N	J	U	L
H	A	G	D	P	I	T	P	T	R	E
K	C	H	S	D	R	I	V	E	Y	V
I	K	T	T	A	K	E	O	F	F	A
C	R	O	A	S	B	A	R	X	L	U
K	L	O	N	G	J	U	M	P	O	L
S	A	N	D	P	I	T	A	K	P	T

FOSBURY FLOP   HOP
HANDSTAND   SKIP
LONG JUMP   FLIGHT
HITCH KICK   LANDING
TAKE-OFF   CROSSBAR
SANDPIT   ROCK BACK
SPRINT   POLE VAULT
DRIVE

V	H	A	P	P	R	O	A	C	H	D
A	D	O	U	B	L	E	A	R	M	A
U	A	J	S	T	R	A	P	L	F	N
L	L	N	H	I	G	H	J	U	M	P
T	R	I	P	L	E	J	U	M	P	O
I	U	E	U	N	W	A	Y	P	E	P
N	N	P	L	A	N	T	L	D	P	D
G	W	H	L	E	I	K	I	C	K	A
B	A	A	M	Z	A	R	U	N	W	R
O	Y	N	W	A	T	S	T	R	I	C
X	C	G	C	S	T	R	E	T	C	H

VAULTING BOX   KICK   RELEASE

DOUBLE ARM   PLANT   STRIDE

APPROACH   STRETCH   HANG

RUNWAY   PUSH PULL

ARCH   HIGH JUMP

MAT   TRIPLE JUMP

4   5   6   7

STICK, BAT, RACKET, CLUB

P	S	Q	U	A	S	H	R	T	P	E
E	O	T	B	L	O	T	Q	G	E	R
L	F	L	I	A	Y	K	U	O	L	E
O	T	H	O	C	K	E	Y	L	O	A
C	B	A	T	R	K	H	A	F	T	L
R	A	E	T	O	A	B	V	P	A	T
O	L	F	M	S	E	C	A	Y	A	E
Q	L	A	P	S	J	L	K	L	L	N
U	M	O	A	E	L	A	P	E	L	N
E	H	B	C	R	I	C	K	E	T	I
T	A	B	L	E	T	E	N	N	I	S

STICKBALL	POLO	TABLE TENNIS
BASEBALL	HOCKEY	SOFTBALL
CRICKET	RACKETS	CROQUET
PELOTA	LACROSSE	SQUASH
GOLF	REAL TENNIS	LAPTA

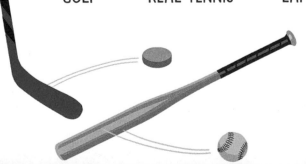

R	O	U	X	D	E	B	A	N	D	Y
A	S	J	A	I	P	B	N	E	R	O
C	C	O	R	K	B	A	L	L	R	E
K	Y	D	E	K	B	D	L	O	O	X
E	J	T	X	T	L	M	G	A	U	I
T	A	H	U	R	L	I	N	G	N	S
B	I	E	X	B	V	N	D	Y	D	T
A	A	E	L	O	T	T	V	L	E	E
L	L	N	F	L	I	O	H	E	R	R
L	A	X	D	T	E	N	N	I	S	A
W	I	F	F	L	E	B	A	L	L	H

BADMINTON	OINA	RACKETBALL
XISTERA	TENNIS	ROUNDERS
VIGORO	HURLING	JAI ALAI
BANDY	CORKBALL	PALANT
ELLE	WIFFLEBALL	XARE

HIGHLAND GAMES

H	A	G	G	I	S	H	U	R	L	O
A	I	C	T	O	T	R	I	G	S	R
M	E	O	A	U	O	V	T	E	H	S
M	H	W	R	B	N	M	P	H	E	P
E	I	A	T	S	E	I	I	T	A	O
R	L	L	A	T	P	R	G	U	F	R
T	L	R	N	G	U	Q	T	G	T	R
H	R	K	A	R	T	S	S	O	O	A
R	A	B	I	B	S	U	S	W	S	N
O	C	A	C	L	A	N	S	A	S	S
W	E	I	G	H	T	T	H	R	O	W

SHEAF TOSS   TRIG   WEIGHT THROW   CLANS

HILL RACE   TARTAN   TUG O WAR   SPORRAN

COWAL   STONE PUT   BAGPIPES   CABER TOSS

KILT   HAGGIS HURL   BIBS   HAMMER THROW

H	C	R	O	K	E	P	A	R	K	G
A	L	L	C	S	J	F	E	A	R	A
R	H	O	K	O	H	E	R	I	B	H
D	L	H	R	L	F	T	G	U	L	A
B	O	H	U	O	K	C	A	M	A	N
A	N	O	U	R	U	H	W	P	C	D
L	E	O	T	R	L	N	M	I	K	B
L	W	K	A	V	L	I	D	R	C	A
C	A	M	O	G	I	E	N	E	A	L
A	L	L	E	Y	K	E	Y	G	R	L
S	L	I	O	T	H	A	R	I	D	S

ROUNDERS   HOOK   BLACK CARD
SLIOTHAR   FETCH   HANDBALL
HURLING   UMPIRE   ONE WALL
CAMAN   CAMOGIE   HURLEY
ALLEY   HARDBALL   BLOCK
PEIL   CROKE PARK   SOLO

C	R	E	S	U	R	F	S	U	P	R
T	O	G	O	O	F	Y	F	O	O	T
U	R	F	S	U	P	F	N	I	I	E
B	L	O	P	I	P	E	L	I	N	E
E	D	P	U	N	T	L	Z	O	T	T
R	E	R	E	G	E	K	T	S	B	H
I	C	K	N	W	H	S	E	C	R	E
D	K	A	S	H	B	R	J	C	E	D
I	H	E	T	M	C	A	D	L	A	R
N	G	O	O	F	T	Q	I	C	K	O
G	W	T	P	G	N	A	R	L	Y	P

GOOFY FOOT   DECK   POINT BREAK

SURF'S UP   CREST   TOMBSTONE

PIPELINE   THE DROP   TROUGH

GNARLY   HANG TEN   BAIL

SWELL   TUBE RIDING   FIN

S	W	I	T	C	H	F	O	O	T	S
W	W	N	X	E	E	P	O	P	U	P
R	I	P	T	I	D	E	R	I	R	L
K	P	H	G	R	O	M	M	E	T	O
I	E	C	D	X	S	I	L	U	L	N
C	O	W	A	B	U	N	G	A	E	G
K	U	W	E	R	O	C	K	E	R	B
O	T	C	R	I	V	M	I	D	O	O
U	E	D	I	N	G	E	M	K	L	A
T	U	R	A	L	E	R	A	E	L	R
P	B	E	L	L	Y	B	O	A	R	D

WAX   TURTLE ROLL
CARVE   COWABUNGA
POP UP   BELLYBOARD
RIPTIDE   LONGBOARD
KICK OUT   WIPEOUT
GROMMET   ROCKER
SWITCHFOOT   AERIAL
               DING

TEST CRICKET TEAMS

G	N	E	W	Z	E	A	L	A	N	D	K
A	U	W	S	T	R	L	H	I	D	U	X
C	P	B	E	N	E	W	L	N	N	L	B
I	N	A	T	S	I	N	A	H	G	F	A
R	A	B	K	I	T	L	G	V	D	U	N
F	O	M	Q	I	E	I	X	L	S	N	G
A	F	I	G	R	S	R	N	T	A	V	L
H	I	Z	I	T	H	T	R	D	S	N	A
T	N	D	M	Z	R	A	A	O	I	F	D
U	T	G	N	S	L	N	J	N	D	E	E
O	B	S	R	I	L	A	N	K	A	R	S
S	B	N	A	T	Z	N	T	W	B	F	H

NEW ZEALAND	IRELAND	SOUTH AFRICA
AUSTRALIA	PAKISTAN	BANGLADESH
ZIMBABWE	WEST INDIES	SRI LANKA
INDIA	AFGHANISTAN	ENGLAND

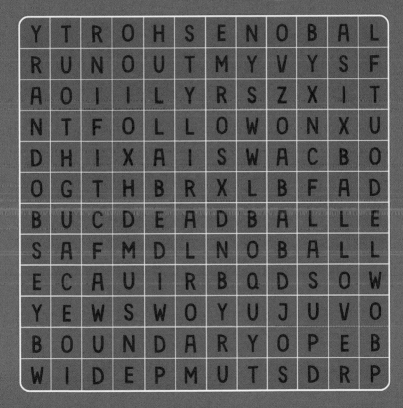

Y	T	R	O	H	S	E	N	O	B	A	L
R	U	N	O	U	T	M	Y	V	V	S	F
A	O	I	I	L	Y	R	S	Z	X	I	T
N	T	F	O	L	L	O	W	O	N	X	U
D	H	I	X	A	I	S	W	A	C	B	O
O	G	T	H	B	R	X	L	B	F	A	D
B	U	C	D	E	A	D	B	A	L	L	E
S	A	F	M	D	L	N	O	B	A	L	L
E	C	A	U	I	R	B	Q	D	S	O	W
Y	E	W	S	W	O	Y	U	J	U	V	O
B	O	U	N	D	A	R	Y	O	P	E	B
W	I	D	E	P	M	U	T	S	D	R	P

BOWLED OUT	BYES	SIX BALL OVER
ONE SHORT	RUN OUT	DOUBLE HIT
WIDE BALL	BOUNDARY	DEAD BALL
NO BALL	FOLLOW ON	STUMPED
LBW	CAUGHT OUT	BEAMER

SUMMER OLYMPICS VENUES

I	W	O	Y	P	U	H	M	J	U	K	N
S	E	L	E	G	N	A	S	O	L	O	A
I	M	Y	N	X	U	T	G	B	Q	M	N
R	I	O	D	E	J	A	N	E	I	R	O
J	R	C	Y	L	A	M	I	C	R	S	L
D	B	Y	S	O	U	E	J	F	S	F	E
K	S	I	T	N	O	I	M	C	Y	C
A	N	O	I	D	X	I	E	O	H	D	R
K	E	C	Y	O	M	S	B	S	P	A	A
B	H	A	A	N	D	L	E	C	B	A	B
X	T	L	A	E	R	T	N	O	M	Z	G
V	A	T	L	A	N	T	A	W	G	J	O

BARCELONA   ATHENS   RIO DE JANEIRO
MUNICH   LONDON   MONTREAL
BEIJING   ATLANTA   MOSCOW
SEOUL   LOS ANGELES   SYDNEY

C	A	L	G	A	R	Y	D	Y	R	O	S
K	S	S	J	S	E	J	J	A	Q	N	A
C	I	D	A	H	M	E	P	L	U	T	L
U	T	L	G	R	M	P	X	B	H	S	T
R	Q	D	I	C	A	L	P	E	K	A	L
B	D	U	O	S	H	J	T	R	J	P	A
S	P	R	O	Y	E	Z	E	T	A	P	K
N	G	C	N	V	L	D	U	V	E	O	E
N	H	A	A	Z	L	R	G	I	O	R	C
I	A	Z	G	N	I	P	T	L	E	O	I
G	C	K	A	N	L	N	Z	L	G	Y	T
D	V	A	N	C	O	U	V	E	R	N	Y

LILLEHAMMER   TURIN   SALT LAKE CITY
INNSBRUCK   SAPPORO   LAKE PLACID
CALGARY   VANCOUVER   SARAJEVO
SOCHI   ALBERTVILLE   NAGANO

FORMULA 1 RACING

S	L	I	P	I	T	S	T	O	P	T	I
X	P	L	A	P	P	E	D	X	G	Z	E
M	A	S	L	S	T	I	U	C	R	I	C
A	Q	U	N	P	L	A	N	Q	A	E	R
E	U	Q	O	C	O	N	O	M	V	Y	O
R	A	C	I	N	G	L	I	N	E	S	F
T	P	I	T	K	N	A	L	P	L	Z	N
S	L	E	A	P	E	P	R	I	T	T	W
P	A	V	M	P	T	S	C	D	R	Z	O
I	N	N	R	M	E	K	O	W	A	W	D
L	E	S	O	J	S	X	Q	T	P	W	F
S	S	A	F	E	T	Y	C	A	R	T	P

SAFETY CAR	APEX	GRAVEL TRAP	SLICKS
SLIPSTREAM	CIRCUIT	DOWNFORCE	PIT STOP
PLANK	AQUAPLANE	LAPPED	RACING LINE
LAPS	MONOCOQUE	DRAG	FORMATION LAP

S	T	E	N	A	C	I	H	C	G	F	P
C	R	E	T	I	R	E	M	E	N	T	O
X	O	C	K	E	P	I	T	M	I	X	L
I	V	N	V	Y	N	K	I	A	Y	G	E
R	E	I	S	R	E	M	P	N	F	T	P
P	R	L	T	T	O	M	K	I	I	O	O
D	S	B	E	E	R	Q	C	H	L	C	S
N	T	G	W	M	O	U	O	D	A	W	I
A	E	S	A	E	Q	R	C	N	U	G	T
R	E	T	R	L	M	E	O	T	Q	D	I
G	R	I	D	E	F	M	E	T	O	G	O
U	B	O	T	T	O	M	I	N	G	R	N

RETIREMENT	FLAGS	POLE POSITION
BOTTOMING	COCKPIT	QUALIFYING
STEWARD	TELEMETRY	OVERSTEER
MONACO	GRAND PRIX	CHICANE
GRID	CONSTRUCTOR	DRIVER

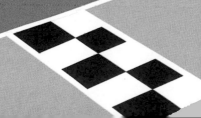

AMERICAN FOOTBALL

J	U	S	G	R	I	D	I	R	O	N	H
I	D	Z	W	J	N	O	D	N	M	L	E
K	L	O	F	E	T	B	Q	M	H	N	L
P	E	S	U	P	E	R	B	O	W	L	M
N	I	H	P	N	R	P	J	U	K	E	E
R	F	U	L	L	C	O	N	T	A	C	T
H	K	O	A	K	E	E	W	H	S	U	R
U	C	O	N	O	P	Q	O	G	R	K	H
D	A	L	T	X	T	H	D	U	C	S	J
D	B	E	F	A	I	R	C	A	T	C	H
L	I	E	W	A	O	H	S	R	F	H	E
E	E	K	A	C	N	A	P	D	S	A	P

FULL CONTACT   JUKE
MOUTHGUARD   RUSH
FAIR CATCH   SWEEP
BACKFIELD   HELMET
HUDDLE   GRIDIRON
PLANT   PANCAKE
DOWN   SUPERBOWL
SACK   INTERCEPTION

N	O	I	S	S	E	S	S	O	P	V	S
L	W	Q	H	U	F	I	W	E	N	Z	R
A	B	M	O	B	D	U	F	W	F	C	E
O	H	B	U	E	G	C	U	Y	O	H	D
G	U	L	L	K	A	T	M	N	T	A	A
D	O	I	D	O	C	A	B	K	H	I	E
L	N	T	E	A	C	C	L	E	A	N	L
E	Y	Z	R	M	I	K	E	T	N	G	R
I	X	Z	P	I	U	L	O	F	D	A	E
F	Q	G	A	X	R	E	D	Z	O	N	E
N	W	O	D	H	C	U	O	T	F	G	H
R	Y	B	S	T	M	W	O	N	F	Y	C

TOUCHDOWN   BOMB   CHEERLEADERS

POSSESSION   TACKLE   CHAIN GANG

HAND OFF   SIDELINE   RED ZONE

BLOCK   FIELD GOAL   FUMBLE

MIKE   SHOULDERPADS   BLITZ

GOLF

W	A	T	R	E	H	Z	A	D	R	S	V
H	D	L	E	A	P	P	R	O	A	C	H
T	R	O	L	L	E	Y	K	L	Z	O	P
B	A	C	K	S	W	I	N	G	K	R	B
U	Z	A	H	O	B	U	L	C	H	E	I
G	A	D	O	I	F	M	G	F	S	C	R
G	H	D	Q	A	P	H	A	P	O	A	D
Y	R	Y	R	L	G	S	I	R	U	R	I
G	E	U	P	U	R	K	H	Z	K	D	E
T	T	H	O	L	E	I	N	O	N	E	B
M	A	R	K	S	E	P	U	T	T	E	R
S	W	O	O	P	N	R	G	P	O	D	S

WATER HAZARD   FORE

SCORE CARD   BIRDIE

BACKSWING   CADDY

MARKER   SPIKES

PUTTER   ROUGH

BUGGY   TROLLEY

GREEN   CHIP SHOT

WOOD   APPROACH

CLUB   HOLE IN ONE

GOLF

R	Y	D	E	B	O	G	E	Y	C	O
A	G	Y	A	W	R	I	A	F	F	L	N
B	H	E	G	D	E	W	S	L	Q	U	J
N	A	Z	A	S	A	K	A	I	F	B	K
I	N	L	K	L	G	E	N	P	R	H	X
P	D	N	L	J	L	U	U	O	B	O	I
S	I	A	H	T	E	C	O	U	N	U	N
K	C	S	W	E	R	D	N	A	T	S	S
C	A	L	L	E	W	K	Y	N	D	E	L
A	P	Q	D	D	E	K	U	X	F	V	I
B	A	Y	D	R	E	V	I	R	D	Y	C
D	R	I	V	I	N	G	R	A	N	G	E

PAR   DRIVING RANGE
IRON   RYDER CUP
FLAG   HANDICAP
WEDGE   BACKSPIN
DRIVER   BUNKER
FAIRWAY   BOGEY
CALLAWAY   EAGLE
CLUBHOUSE   SLICE
ST. ANDREWS   TEE

RUNNING

Y	R	T	N	U	O	C	S	S	O	R	C
F	A	L	S	E	S	T	A	P	E	O	F
S	F	F	P	L	S	L	P	R	P	E	U
B	A	I	D	S	T	A	T	I	O	N	E
G	L	N	P	S	O	P	C	N	N	E	T
H	S	I	Z	Q	P	S	U	T	Y	R	A
U	E	S	W	P	W	B	Z	J	A	G	P
R	S	H	Q	U	A	D	S	C	E	Y	H
D	T	L	E	T	T	C	K	C	Z	T	F
L	A	I	O	A	C	X	E	K	W	Z	D
E	R	N	C	T	H	E	W	A	L	L	U
S	T	E	E	P	L	E	C	H	A	S	E

FALSE START	LAPS	CROSS COUNTRY
STOPWATCH	QUADS	AID STATION
ENERGY	HURDLES	THE WALL
BATON	FINISH LINE	SPRINT
PACE	STEEPLECHASE	TRACK

H	Y	D	R	A	D	P	I	O	N	T	U
H	O	N	Y	O	U	R	M	A	R	K	S
A	R	Z	P	M	A	R	A	T	H	O	N
M	A	L	R	A	U	Y	N	O	Q	E	O
S	T	A	R	T	E	R	S	G	U	N	I
T	W	N	C	G	H	K	C	W	S	D	T
R	F	E	L	C	C	A	R	S	D	U	A
I	V	S	T	O	Z	C	E	C	A	R	R
N	A	I	L	H	F	N	L	F	S	A	D
G	T	B	K	U	T	E	A	G	H	N	Y
S	E	T	P	I	M	D	Y	N	S	C	H
L	A	N	F	S	H	I	R	O	V	E	R

MARATHON	RACE	ON YOUR MARKS
HYDRATION	LANES	HAMSTRINGS
BLOCKS	WARM UP	FITNESS
RELAY	ENDURANCE	STITCH
SET	STARTER'S GUN	DASH

BOXING

L	E	F	T	J	A	B	F	N	D	U	S
F	H	I	R	E	T	O	M	O	R	P	E
O	C	S	Q	A	O	K	T	I	O	E	P
O	N	T	S	T	C	O	Y	T	L	I	O
S	U	C	W	O	R	P	U	A	C	H	R
T	P	O	L	V	R	C	L	N	O	K	E
W	R	B	N	S	R	C	L	I	N	C	H
K	E	F	Y	E	P	M	F	B	E	O	T
R	K	K	P	V	F	R	C	M	T	U	N
O	C	P	B	O	D	B	L	O	W	N	O
M	U	K	L	L	G	K	G	C	E	T	Y
S	S	R	I	G	H	T	H	O	O	K	O

ON THE ROPES   BLOCK   LEFT JAB
SUCKER PUNCH   COUNT   CROSS
COMBINATION   GLOVES   BLOW
RIGHT HOOK   UPPERCUT
PROMOTER   FOOTWORK
CLINCH
FIST

BOXING

C	O	R	E	K	A	M	Y	A	H	X	O
O	P	E	N	A	L	O	W	B	L	O	W
U	P	V	I	V	F	S	R	B	K	G	E
N	F	A	D	N	U	O	R	U	N	R	H
T	O	E	R	I	D	U	C	I	O	E	O
E	O	W	L	R	H	T	R	T	C	N	L
R	K	D	Z	C	Y	H	J	D	K	R	D
P	A	N	T	B	L	P	I	N	D	O	I
U	Z	A	G	E	T	A	Y	T	O	C	N
N	M	B	W	L	O	W	B	L	W	U	G
C	B	O	E	L	U	A	U	F	N	P	W
H	T	B	O	U	T	N	J	O	P	Y	O

PARRY   RING   BOB AND WEAVE

BOUT   TOWEL   COUNTERPUNCH

BELT   ROUND   KNOCKDOWN

CORNER   HAYMAKER

LOW BLOW   HOLDING

SOUTHPAW   MATCH

BELL

SKIING

```
S P A P O W D E R E R B
Y H O A X O G Y T M A U
Z T I R O M T S J C C N
P A R A D X I D K H E N
E S E L O P W C L N L Y
P I S L A L O M Y W B S
O S M E L U Z L F W A L
L K E L N M N W M P C O
S B U T T O N L I F T P
Y T R U A H N F G H Z E
R Y I R E G N I V R A C
D O W N H I L L A T R Y
```

BACK COUNTRY   PISTE   PARALLEL TURN

BUNNY SLOPE   SLALOM   ST. MORITZ

CABLE CAR   DRY SLOPE   DOWNHILL

POWDER   BUTTON LIFT   CARVING

POLES   GATES

DROP

B	L	A	C	K	S	L	O	P	E	T	E
I	Z	E	L	Y	T	S	E	E	R	F	Y
N	T	O	T	Q	E	X	A	Z	Z	I	P
S	K	I	J	U	M	P	I	N	G	L	D
C	R	O	S	S	C	O	U	N	T	R	Y
H	A	K	X	H	H	K	G	X	E	I	O
A	S	I	Y	H	R	N	M	Q	L	A	R
M	O	G	U	L	I	E	H	E	E	H	U
O	P	F	F	D	S	F	S	Y	M	C	D
N	T	W	N	N	T	P	S	O	A	B	R
I	D	I	H	C	I	T	N	C	R	S	O
X	B	X	D	E	E	P	S	V	K	T	C

BLACK SLOPE   PIZZA   CROSS COUNTRY

FREESTYLE   BINDING   SKI JUMPING

CHAIRLIFT   TELEMARK   CHAMONIX

MOGUL   CORDUROY   RESORT

TUCK   STEM CHRISTIE   SPEED

Y	T	I	G	H	R	E	N	D	Q	R	R
T	S	O	F	F	E	N	S	I	V	E	U
E	I	G	U	A	V	D	H	Q	N	K	N
F	L	G	A	J	I	M	M	R	L	C	N
A	A	C	H	N	E	W	U	K	I	A	I
S	I	E	N	T	C	T	U	C	T	B	N
V	C	H	D	R	E	M	M	A	J	E	G
R	E	Z	O	R	R	N	M	B	Z	N	B
B	P	X	K	L	E	O	D	P	K	I	A
A	S	C	Z	G	D	R	A	U	G	L	C
T	I	G	H	T	I	E	N	C	Z	O	K
K	J	A	M	M	W	E	R	N	E	R	O

RUNNING BACK   SAFETY   KICK RETURNER

OFFENSIVE   HOLDER   LINEBACKER

JAMMER   SPECIALIST   TIGHT END

GUARD   WIDE RECEIVER   UPBACK

AMERICAN FOOTBALL POSITIONS

D	N	E	E	V	I	S	N	E	F	E	D
D	I	M	E	B	A	C	K	Y	J	Q	R
I	C	E	K	C	A	B	L	L	U	F	E
J	K	K	G	Y	R	F	S	A	Z	K	P
R	E	N	R	U	T	E	R	T	N	U	P
L	L	O	Q	G	N	T	K	I	A	U	A
T	B	U	N	T	E	N	Z	C	N	G	N
Y	A	M	A	R	I	P	E	T	I	Z	S
L	C	C	B	C	H	U	E	R	T	K	G
Q	K	A	K	X	T	R	E	B	U	J	N
S	C	G	Z	L	V	Z	W	B	Z	Q	O
K	C	A	B	R	E	N	R	O	C	Z	L

LONG SNAPPER   PUNTER   PUNT RETURNER
NICKELBACK   FULLBACK   DEFENSIVE END
GUNNER   CORNERBACK   QUARTERBACK
TACKLE   DIMEBACK
KICKER

SAILING

M	D	S	W	I	N	D	W	A	R	D	B
T	A	F	J	Y	D	J	C	L	E	A	T
D	E	A	Z	H	M	X	U	R	K	E	M
L	H	L	E	E	W	A	R	D	A	K	Y
G	A	P	S	Y	B	K	R	S	N	N	D
I	R	S	H	E	E	T	E	J	N	N	N
W	A	Z	H	D	O	W	N	W	I	N	D
R	E	H	G	R	I	L	T	W	P	B	S
Z	L	L	Y	N	O	L	P	J	S	T	K
J	C	Q	C	U	R	U	D	D	E	R	Q
C	F	H	N	X	L	F	D	M	T	O	D
C	L	E	A	B	T	F	A	S	Q	P	T

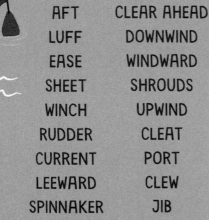

AFT   CLEAR AHEAD

LUFF   DOWNWIND

EASE   WINDWARD

SHEET   SHROUDS

WINCH   UPWIND

RUDDER   CLEAT

CURRENT   PORT

LEEWARD   CLEW

SPINNAKER   JIB

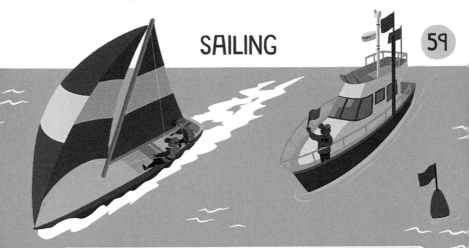

SAILING

T	I	L	L	E	R	W	Z	U	O	J	B
S	E	S	T	A	R	B	O	A	R	D	O
A	T	A	C	K	I	N	L	B	D	T	O
M	A	I	N	S	A	I	L	E	E	C	H
C	O	M	E	A	B	O	U	T	C	L	V
K	H	G	T	M	C	O	H	X	K	W	G
M	A	N	T	K	W	C	O	P	T	N	A
S	L	I	A	S	E	H	T	M	I	R	T
Q	Y	G	B	X	K	Q	T	K	I	D	X
R	A	G	G	I	C	O	C	K	P	I	T
A	R	I	X	B	O	A	M	H	E	T	S
K	D	R	M	S	T	E	R	N	E	G	V

MAST   DECK   BLOCK   BATTEN   MAINSAIL   STARBOARD

HULL   BOOM   TILLER   RIGGING   HALYARD   COME ABOUT

BOW   STERN   LEECH   TACKING   COCKPIT   TRIM THE SAILS

NETBALL

T	R	U	O	C	F	O	T	U	O	T	R
G	A	L	E	A	N	I	N	G	P	O	L
F	O	O	T	W	O	R	K	O	I	O	S
Q	R	A	B	K	I	F	G	A	V	F	S
S	U	B	R	L	X	D	F	L	O	G	A
S	S	A	P	T	R	O	H	S	T	N	P
D	M	C	R	E	D	D	F	H	I	I	T
M	A	K	P	T	E	G	U	O	N	D	S
N	E	L	O	N	E	E	F	O	G	N	E
P	A	I	N	O	F	R	R	T	L	A	H
Y	O	N	E	O	N	O	N	E	J	L	C
F	E	E	O	N	A	L	Z	R	J	N	N

FEED   GOAL SHOOTER

DODGE   OUT OF COURT

OFFSIDE   ONE ON ONE

PIVOTING   FOOTWORK

BACK LINE   QUARTER

CHEST PASS   LEANING

SHORT PASS   REPLAY

LANDING FOOT   MARK

S	S	A	P	R	E	D	L	U	O	G	S
W	T	A	E	C	N	U	O	B	D	E	V
I	H	V	N	A	Q	K	C	O	L	B	V
N	R	E	A	H	O	D	M	C	S	W	N
G	O	A	L	T	H	I	R	D	S	S	O
A	W	G	T	B	N	I	E	O	A	T	G
T	I	J	Y	D	C	P	D	Q	P	R	O
T	N	D	P	L	T	Q	N	T	E	M	A
A	S	N	A	N	P	W	E	O	K	V	L
C	T	O	S	S	U	P	F	N	A	Z	F
K	G	S	S	A	P	E	E	R	F	T	T
O	V	E	R	H	E	A	D	F	G	L	I

SHOULDER PASS
WING ATTACK
GOAL CIRCLE
FAKE PASS
FREE PASS
DEFENDER
THROW IN
TOSS UP
DROP
BLOCK
BOUNCE
NO GOAL
OVERHEAD
GOAL THIRD
PENALTY PASS

ARCHERY

W	O	B	E	V	R	U	C	E	R	U	A
D	H	E	N	F	E	A	T	H	E	R	S
R	H	A	P	P	S	I	G	H	T	F	I
A	C	L	H	I	I	D	O	Q	U	A	R
Y	R	E	H	C	R	A	D	L	E	I	F
B	O	R	Z	A	C	G	G	C	P	A	G
Z	S	R	W	O	B	G	N	O	L	U	S
T	S	A	A	L	N	P	U	F	V	Q	P
Y	B	U	R	T	A	R	G	E	T	K	B
Z	O	Q	U	W	D	Y	B	U	A	C	Q
R	W	O	B	D	N	U	O	P	M	O	C
X	E	I	F	L	E	T	C	H	I	N	G

RECURVE BOW   GRIP   COMPOUND BOW   DRAW

LONGBOW   SIGHT   CROSSBOW   GUNGDO

RISER   QUARREL   TARGET   FLETCHING

END   HEN FEATHERS   NOCK   FIELD ARCHERY

ARCHERY

R	E	F	L	E	V	B	L	W	P	F	P
E	W	T	X	L	E	D	I	D	W	L	A
J	C	O	C	K	F	E	A	T	H	E	R
H	J	X	B	V	U	S	T	U	Y	M	A
Y	C	O	R	X	I	O	H	E	S	I	D
Z	L	P	A	E	E	O	S	V	J	S	O
T	I	H	C	H	V	L	I	M	B	H	X
F	C	I	E	T	L	I	F	J	K	T	D
S	K	L	R	U	S	X	U	E	J	W	E
B	E	I	B	I	I	A	E	Q	R	I	F
I	R	T	H	U	V	T	F	A	H	S	X
T	S	E	R	W	O	R	R	A	P	T	C

TOXOPHILITE   BOLT
FISHTAIL   BRACER
QUIVER   BULLSEYE
FAST   COCK FEATHER
LIMB   FLEMISH TWIST
SHAFT   ARROW REST
PARADOX   CLICKER
REFLEX BOW   LOOSE

NASCAR RACING

F	D	I	R	T	Y	A	I	R	C	P	W
U	F	N	H	M	R	A	B	Y	A	W	S
E	N	G	I	M	E	B	I	O	M	C	K
S	I	S	S	A	H	C	L	G	B	W	J
T	S	A	L	F	U	E	L	C	E	L	L
R	P	O	P	I	L	L	O	L	R	C	M
A	L	Z	R	R	N	E	O	R	K	A	I
C	I	G	U	E	O	G	P	M	R	W	N
K	T	A	D	S	I	N	S	B	T	S	P
B	T	D	Q	U	K	G	L	H	T	M	S
A	E	N	G	I	N	E	B	L	O	C	K
R	R	P	I	T	S	T	A	L	L	T	Z

TRACKBAR	APRON	ENGINE BLOCK
FUEL CELL	FIRESUIT	SWAY BAR
LOLLIPOP	MARBLES	DIRTY AIR
CHASSIS	PIT STALL	SPLITTER
TIGHT	SLINGSHOT	CAMBER

L	C	O	S	E	A	N	O	T	Y	A	D
U	E	Z	H	A	P	P	Y	H	O	U	R
C	J	N	O	H	S	U	P	O	R	E	A
K	W	V	A	Y	E	F	Y	F	E	I	F
Y	B	A	S	P	T	I	O	G	L	O	T
D	A	Y	T	Q	R	R	D	O	I	A	I
O	G	R	O	O	V	E	S	O	O	L	N
G	C	D	C	H	W	W	T	Y	P	O	G
R	E	A	K	C	L	A	Z	R	S	Q	X
O	M	D	C	P	I	L	C	R	A	E	R
O	Z	H	A	N	D	L	I	N	G	U	K
F	A	B	R	I	C	A	T	O	R	L	Q

HAPPY HOUR	WEDGE	QUARTER PANEL
AEROPUSH	DAYTONA	STOCK CAR
HANDLING	DRAFTING	REAR CLIP
SPOILER	LUCKY DOG	FIREWALL
LOOSE	FABRICATOR	GROOVE

WEIGHTLIFTING

T	H	A	N	G	C	L	U	N	S	U	N
G	B	H	O	O	S	O	A	L	V	C	T
B	U	M	P	E	R	P	L	A	T	E	S
P	E	Y	V	C	P	U	Y	L	M	O	W
I	R	O	T	C	P	D	O	T	A	O	C
R	L	V	T	E	L	G	N	I	S	R	I
G	A	B	E	N	C	H	P	R	E	S	S
K	T	V	M	T	P	L	K	I	E	A	I
O	M	H	D	R	B	J	I	L	P	U	K
O	T	H	G	I	E	W	Y	V	A	E	H
H	A	N	G	C	L	E	A	N	T	H	G
T	A	U	Q	S	T	R	A	P	S	M	C

BENCH PRESS   BELT   BUMPER PLATES

HOOK GRIP   CHALK   HANG CLEAN

STRAPS   SINGLET   COLLARS

GLOVES   ECCENTRIC   PULLS

SQUAT   HEAVYWEIGHT

TAPE

WEIGHTLIFTING

K	R	E	K	N	U	R	L	I	N	G	T
R	B	T	H	G	I	E	W	Y	L	F	R
E	S	X	R	U	G	B	P	P	I	K	O
J	N	A	D	C	O	M	P	L	E	X	P
T	A	D	S	H	Y	S	D	N	W	Y	P
I	T	D	A	T	R	A	H	I	Q	Q	U
L	C	O	N	C	E	N	T	R	I	C	S
P	H	C	A	D	W	S	F	K	U	F	E
S	F	T	B	L	O	C	K	S	I	G	E
M	P	L	E	X	P	L	I	T	J	E	N
C	L	E	A	N	A	N	D	J	E	R	K
M	B	A	R	B	E	L	L	I	F	Y	Q

SETS   CLEAN AND JERK
REPS   CONCENTRIC
POWER   SPLIT JERK
SNATCH   DEAD LIFT
COMPLEX   KNURLING
FLYWEIGHT   BARBELL
KNEE SUPPORT   BLOCKS
SHRUG

CLIMBING

L	F	I	X	E	R	D	O	R	L	S	E
F	L	E	P	P	A	R	D	B	O	S	K
C	R	A	M	P	O	N	S	I	E	E	J
B	A	P	W	J	K	E	E	V	P	N	T
D	E	R	M	G	E	S	E	P	O	R	Y
R	S	E	W	R	N	K	Q	O	R	A	X
M	R	H	C	Y	N	I	O	X	D	H	N
B	E	S	G	O	A	Y	B	P	E	W	Y
V	V	C	T	G	O	L	V	M	X	V	J
J	A	S	C	E	N	D	E	R	I	F	E
U	R	L	L	A	W	G	I	B	F	L	C
S	T	Q	N	K	C	T	A	Z	L	I	C

SHERPA   KNOTS   CLIMBING WALL

ROPES   RAPPEL   ASCENDER

BELAY   TRAVERSE   HARNESS

BIVY   CRAMPONS   BIG WALL

CWM   FIXED ROPE   SCREE

CLIMBING

C	A	R	A	P	I	N	F	G	R	Q	B
H	E	I	R	N	G	Y	L	N	M	L	A
A	D	C	O	R	C	A	H	G	I	B	B
L	U	P	U	R	C	H	J	N	E	G	S
O	T	D	T	I	O	R	O	I	A	H	A
V	I	R	E	N	I	B	A	R	A	C	B
E	T	R	K	L	A	H	C	E	S	E	S
R	L	U	T	O	P	N	O	D	B	S	E
H	A	D	N	E	X	I	L	L	F	K	I
A	C	A	D	C	F	A	T	U	I	J	L
N	A	E	H	A	N	D	H	O	L	D	W
G	L	A	C	F	S	R	Y	B	N	J	L

BOULDERING   COL
HANDHOLD   FACE
OVERHANG   PITON
ANCHOR   ROUTE
GLACIER   SADDLE
CHALK   ALTITUDE
ABSEIL   CARABINER
CRAG

CYCLING

```
C O R B A T T A C K V Z G
Y E L M O R E I N L A P N
C Y P I T E S K N A R C I
L R I L W S U F I V X D L
O A C C A I S K V E U R C
C Y C L E S P E E D W A Y
R D C L B D E I L R O F C
O G N I R E N R O C H T K
S U T H U D S I D U G I C
S P U C H A I N R T E N A
D E C A P R O T O M A G R
A C K K V D N P M R R V T
C Y E L L O W J E R S E Y
```

TRACK CYCLING	TUCK	CYCLE SPEEDWAY
SUSPENSION	KEIRIN	MOTOR PACED
HILL CLIMB	DRAFTING	VELODROME
CLASSIC	CORNERING	CRANKSET
GEARS	CYCLOCROSS	ATTACK
RPM	YELLOW JERSEY	CHAIN

CYCLING

F	R	E	E	S	T	Y	L	E	M	H	G	L
O	M	C	R	O	S	S	W	I	N	D	N	A
T	N	E	F	L	Q	I	K	L	A	Z	I	I
H	B	N	E	X	E	C	N	E	D	A	C	R
U	H	D	O	D	T	G	E	E	L	L	A	T
S	L	O	Q	T	S	T	B	H	E	T	R	E
P	W	A	C	N	O	A	M	W	M	T	D	M
R	S	R	A	B	E	L	D	N	A	H	A	I
I	E	C	N	A	R	F	E	D	R	U	O	T
N	I	M	E	T	R	L	G	P	L	B	R	G
T	K	Z	L	N	F	R	A	M	E	E	E	H
E	K	I	B	N	I	A	T	N	U	O	M	N
R	C	O	M	M	I	S	S	A	I	R	E	D

COMMISSAIRE	FLAT	TOUR DE FRANCE
TIME TRIAL	FRAME	ROAD RACING
SPRINTER	PELOTON	CROSSWIND
WHEELIE	FREESTYLE	CADENCE
STAGE	HANDLEBARS	SADDLE
HUB	MOUNTAIN BIKE	ENDO

SWIMMING

```
T R E A O I N G D R G Q K
G N I H T A E R B J L T C
D O L B H I A H V E A N I
P U L L B U O Y N O R L K
S W L M G O G G L E S W N
K U K E Q J T F E M O A I
C R F W L H R Q V S K R H
O I S W I M S U I T L C P
L L I R D K C U D X T T L
B R E E T H I R D W M N O
F Q E L D D A P Y G G O D
R E T A W G N I D A E R T
O N L Y P O F I C D W F U
```

DIVE   DOLPHIN KICK   FLOAT   TREADING WATER
LENGTH   LIFEGUARD   GOGGLES   DUCK DRILL
PULL BUOY   BLOCKS   BREATHING   SWIMSUIT
FRONT CRAWL DRAG   DOGGY PADDLE RELAY

SWIMMING

B	F	S	T	M	E	D	L	E	Y	N	E	S
F	G	L	I	D	E	N	P	H	A	E	B	E
G	T	L	I	K	B	R	I	L	V	D	K	I
H	A	L	B	P	U	R	Y	R	B	P	H	H
B	R	E	A	S	T	S	T	R	O	K	E	C
D	Z	C	C	N	T	U	V	Z	T	L	S	T
M	A	M	K	Y	E	Q	R	B	T	B	H	A
C	N	Z	S	A	R	S	K	N	O	F	X	C
L	D	L	T	N	F	G	L	Q	M	Q	W	T
L	R	J	R	E	L	B	O	W	W	A	V	E
S	I	B	O	D	Y	R	O	L	L	I	O	V
O	L	Y	K	X	C	I	P	M	B	W	F	C
F	L	I	E	L	Y	T	S	E	E	R	F	Z

CAP	BACKSTROKE	GLIDE	BREAST STROKE
CATCH	FLIP TURN	BOTTOM	BODY ROLL
BOW WAVE	MEDLEY	FREESTYLE	CHLORINE
BUTTERFLY	POOL	TARZAN DRILL	LANES

ULTIMATE

P	O	R	E	R	S	I	D	E	A	R	M	N
D	K	C	S	I	D	G	N	I	Y	L	F	S
N	P	C	P	F	N	S	S	F	V	S	O	S
A	H	W	I	T	U	T	R	A	V	E	L	A
H	A	P	R	R	O	I	E	E	W	Z	M	P
K	U	K	I	J	B	K	L	A	P	T	N	H
C	W	C	T	C	F	N	D	M	K	P	Y	S
A	D	I	B	Z	O	I	N	L	G	W	O	U
B	U	L	L	E	T	P	A	S	S	B	H	P
K	A	F	K	Q	U	Y	H	K	I	L	G	E
K	N	A	M	N	O	R	I	A	C	G	R	L
Q	F	J	C	U	T	T	E	R	S	I	T	H
M	A	E	T	E	L	B	U	O	D	Q	P	L

FLYING DISC   CUP   DOUBLE TEAM   FAKE
IRON MAN   BRICK   BACKHAND   TRAVEL
LAYOUT   SIDEARM   CUTTERS   POPPERS
FLICK   HANDLERS   SPIRIT   PUSH PASS
BID   BULLET PASS   PICK   OUT OF BOUNDS

T	H	R	O	V	A	L	L	E	S	M	X	N
U	S	A	Y	E	P	O	S	T	U	C	F	E
R	E	W	O	R	H	T	A	O	T	O	N	D
N	E	L	B	T	J	L	K	S	R	D	H	I
O	G	M	E	I	L	L	T	C	Z	K	C	S
V	P	A	M	C	A	A	E	O	G	L	A	K
E	K	M	O	A	B	W	N	O	V	X	T	A
R	J	U	H	L	H	E	I	B	H	I	C	E
G	N	I	W	S	L	A	L	E	S	N	P	R
T	H	G	P	T	U	X	L	R	L	W	C	B
H	M	U	P	A	N	C	A	K	E	A	L	I
L	L	N	C	C	B	G	O	C	S	I	V	E
L	I	M	A	K	I	N	G	A	P	L	A	Y

STALL COUNT   PULL   VERTICAL STACK
GOAL LINE   SWING   BREAK SIDE
HOMEBOY   SCOOBER   END ZONE
HAMMER   PANCAKE   THROWER
PIVOT   TURNOVER   FORCE
WALL   MAKING A PLAY   HUCK

SQUASH

H	A	L	N	C	O	R	T	J	L	F	D	H
E	V	I	R	D	T	H	G	I	A	R	T	S
S	C	S	E	S	F	W	T	Y	O	D	Q	B
K	P	U	T	A	W	A	Y	P	V	Q	D	X
O	Y	H	R	R	X	T	S	A	O	B	L	Q
U	E	G	I	I	O	H	I	T	D	Y	L	J
T	L	H	E	K	O	K	P	G	D	A	A	M
L	L	B	V	T	U	Z	E	O	H	U	B	L
I	O	T	E	H	C	S	W	V	D	T	T	T
N	V	B	R	T	O	N	I	W	X	A	O	C
E	D	A	V	R	E	K	A	M	T	O	H	S
H	A	L	F	C	O	U	R	T	L	I	N	E
S	T	R	I	A	T	D	R	I	V	F	U	J

SHOT MAKER	LOB	HALF COURT LINE
HOT BALL	TIGHT	DROP SHOT
STROKE	BOAST	PUTAWAY
DOWN	OUTLINE	VOLLEY
NICK	RETRIEVER	THE T
GET	STRAIGHT DRIVE	TAXI

SQUASH

T	O	H	S	L	L	I	K	P	U	T	O	N
R	Q	X	O	B	E	C	I	V	R	E	S	R
Q	D	U	Z	G	E	R	Q	N	Z	L	L	U
F	F	U	A	V	K	K	E	Y	V	D	T	T
P	O	W	E	R	P	L	A	Y	E	R	L	E
N	O	T	U	R	T	W	M	F	H	I	I	R
V	T	A	K	I	S	E	A	Z	A	A	K	C
R	F	U	N	B	C	V	R	R	A	L	L	Y
G	A	M	E	B	A	L	L	C	M	D	A	B
X	U	C	C	F	H	A	N	D	O	U	T	O
X	L	F	K	A	K	J	O	Q	E	U	P	X
T	T	T	A	E	M	Y	Y	Q	E	E	R	P
A	S	H	O	R	T	L	I	N	E	D	R	T

FOOT FAULT · LET · QUARTER COURT
GAME BALL · RALLY · SERVICE BOX
WARM UP · RETURN · KILL SHOT
SWAYZE · HANDOUT · RACKET
FAKE · SHORT LINE · NOT UP
TIN · POWER PLAYER · RAIL

WINTER SPORTS

B	A	N	Y	U	K	I	G	A	S	S	E	N
G	S	N	G	N	I	I	K	S	N	N	O	S
N	T	P	C	G	G	A	N	I	O	Y	G	N
I	C	Y	E	U	O	D	C	T	W	E	S	O
T	O	B	O	E	R	E	E	Q	G	K	K	W
H	O	G	K	E	D	L	U	U	O	C	F	B
C	L	U	G	E	E	S	I	Z	L	O	L	I
A	F	R	H	K	S	B	K	N	F	H	E	K
Y	E	W	S	H	K	O	D	A	G	E	T	I
E	D	O	I	V	B	B	A	Z	T	C	O	N
C	S	N	O	W	B	O	A	R	D	I	N	G
I	N	S	A	O	B	D	B	S	L	E	N	N
Y	L	T	O	B	I	A	T	H	L	O	N	G

SNOW RUGBY   SKIING   SPEED SKATING   SHINNY

ICE HOCKEY   BOBSLED   YUKIGASSEN   BIATHLON

CURLING   SNOW GOLF   SKELETON   SNOW BIKING

LUGE   ICE YACHTING   BANDY   SNOWBOARDING

L	T	Q	N	P	I	N	A	B	A	U	E	R
A	W	L	H	D	L	I	Z	Z	L	C	G	W
Y	H	O	P	O	R	D	H	T	A	E	D	A
B	M	O	H	A	W	K	F	A	R	U	E	T
A	X	P	L	C	Z	I	A	F	I	F	E	C
C	P	J	T	F	L	T	P	U	P	R	G	O
K	M	U	V	W	F	A	U	L	S	O	N	H
S	U	M	P	N	I	P	S	L	E	M	A	C
P	J	P	S	U	V	Z	K	S	K	X	H	G
I	P	D	A	S	X	F	Z	P	E	I	C	U
N	I	P	S	N	N	A	M	L	L	E	I	B
C	L	I	F	Y	J	C	K	I	E	E	P	M
S	F	P	O	O	L	E	O	T	S	S	K	V

CHANGE EDGE   AXEL   BIELLMANN SPIN

LOOP JUMP   TWIZZLE   DEATH DROP

FLIP JUMP   TOE LOOP   FULL SPLIT

SALCHOW   INA BAUER   CHOCTAW

SPIRAL   CAMEL SPIN   MOHAWK

LIFT   LAYBACK SPIN   LUTZ

GYMNASTICS

A	E	R	O	B	I	C	S	E	K	P	F	N
Y	S	S	A	C	R	O	B	A	T	I	C	S
D	I	R	I	T	N	U	O	M	S	I	D	C
N	C	A	Y	R	L	B	S	S	O	Q	E	I
A	R	B	E	N	I	L	O	P	M	A	R	T
T	E	L	N	H	W	E	F	L	E	M	I	S
S	X	E	H	O	C	G	S	I	R	F	B	I
D	E	L	L	O	U	N	C	T	S	Y	B	T
N	R	L	C	P	V	U	T	S	A	L	O	R
A	O	A	G	N	I	L	B	M	U	T	N	A
H	O	R	I	Z	O	N	T	A	L	B	A	R
L	L	A	B	R	A	N	D	S	T	A	N	D
R	F	P	O	M	M	E	L	H	O	R	S	E

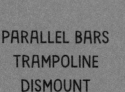

PARALLEL BARS   SPLITS   FLOOR EXERCISE

TRAMPOLINE   HOLLOW   POMMEL HORSE

DISMOUNT   TUMBLING   ACROBATICS

ARTISTIC   HANDSTAND   AEROBICS

LUNGE   SOMERSAULT   RIBBON

BALL   HORIZONTAL BAR   HOOP

GYMNASTICS

S	T	R	A	D	D	L	E	C	A	C	M	Q
T	T	E	G	D	I	R	B	A	N	H	S	B
R	P	I	B	F	G	N	T	T	M	O	S	X
A	I	S	L	V	R	I	D	L	Q	R	R	P
I	K	B	A	L	A	N	C	E	B	E	A	M
G	E	U	Z	E	R	C	A	A	C	O	B	U
H	L	L	Z	O	U	I	A	P	D	G	N	J
T	N	C	H	T	N	M	N	G	H	R	E	F
S	U	C	O	A	W	H	I	G	S	A	V	L
T	R	C	K	R	U	T	M	Q	S	P	E	O
A	N	D	K	D	Y	Y	P	H	X	H	N	W
N	C	A	R	T	W	H	E	E	L	Y	U	J
D	E	N	G	N	I	R	P	S	D	N	A	H

STRAIGHT STAND   TUCK
CHOREOGRAPHY   CLUBS
BALANCE BEAM   BRIDGE
UNEVEN BARS   CAT LEAP
HANDSPRING   STRADDLE
CARTWHEEL   WOLF JUMP
RHYTHMIC   STILL RINGS
LEOTARD
VAULT
ARCH
PIKE

LACROSSE

S	S	A	P	R	A	T	S	K	Q	C	I	C
C	R	O	S	S	C	H	E	C	K	G	J	W
L	E	I	C	E	B	Q	S	E	J	S	A	I
F	P	O	D	C	U	T	M	H	O	Y	W	N
K	E	F	P	E	B	N	T	C	Q	H	U	G
D	E	F	E	N	S	I	V	E	A	R	E	A
H	K	D	S	E	K	W	J	K	K	F	Q	R
S	L	A	S	H	I	N	G	O	E	C	G	E
G	A	O	O	S	E	M	N	P	D	R	O	A
R	O	M	R	L	B	N	P	I	A	O	P
G	G	S	C	O	O	P	I	N	G	D	Z	M
W	I	N	D	U	N	S	E	T	T	L	E	D
K	A	E	R	B	T	S	A	F	R	E	A	K

D CUT	CROSS CHECK
POCKET	FAST BREAK
STAR PASS	CROSSE
GOALKEEPER	RIDE
POKE CHECK	GOOSE
WING AREA	SCOOPING
SLASHING	UNSETTLED
CRADLE	DEFENSIVE AREA

LACROSSE

Y	S	E	T	T	E	D	N	B	U	N	O	X
Z	E	N	E	A	K	L	W	V	U	I	S	K
T	N	K	W	S	B	L	O	R	A	E	L	C
F	A	C	E	O	F	F	D	H	T	H	A	E
D	L	V	X	I	D	H	L	T	V	Z	Q	H
Q	P	A	S	S	M	N	L	S	C	J	C	C
S	E	F	C	C	R	E	A	S	E	D	L	Y
H	G	D	U	O	D	B	B	M	I	H	A	D
R	N	O	I	T	I	S	N	A	R	T	M	O
B	A	T	T	A	C	K	A	R	E	A	P	B
Y	H	T	Y	U	G	U	T	M	N	F	X	L
K	C	I	T	S	K	C	I	U	Q	O	K	M
N	Q	D	F	E	E	D	P	A	S	S	F	W

CLAMP   ATTACK AREA
FACE OFF   BODY CHECK
TRANSITION   BALL DOWN
CHANGE PLANES   SETTLED
QUICK STICK   CLEAR
FEED PASS   HOLE
CREASE   MAN UP
BOX   MAN DOWN

PARA SPORTS

```
W H E E L C H A I R R A C E
H S I G H T E D G U I D E B
E S E V K N S S D I E B R L
E D N P S Z M I S K T I S I
P A R A T R I A T H L O N N
O U T R I G G E R S K I S D
G I S A K P C H J K K R T S
O N D C S B M V Y E H I K O
A V H A E L C Y C D N A H C
L I Z N T F S P L N L D M C
B C E O S E V E N A S I D E
A T L E K E T N L W R B D R
L U D W I G G U T T M A N N
L S Z Z L L A B T O O F P C
```

SIT-SKI   CP FOOTBALL   SEVEN-A-SIDE   LUDWIG GUTTMANN

AGITOS   HAND CYCLE   BLIND SOCCER   WHEELCHAIR RACE

INVICTUS   PARACANOE   SIGHTED GUIDE   PARATRIATHLON

GOALBALL   PARALYMPIANS

OUTRIGGER SKIS

PARA SPORTS

B	L	R	E	N	N	U	R	E	D	A	L	B	N
S	I	G	N	I	T	F	I	L	R	E	W	O	P
L	E	A	P	R	O	S	T	H	E	T	I	C	P
A	D	A	T	P	I	E	V	A	B	T	K	C	E
D	M	U	C	H	T	F	N	L	O	R	K	I	Y
E	E	H	Y	H	L	E	T	M	B	H	V	A	E
M	D	N	E	A	T	O	N	T	A	P	M	N	S
Y	N	R	A	N	P	I	N	M	R	J	H	N	H
R	A	E	V	I	T	P	A	D	A	W	Y	U	A
O	T	C	D	I	U	L	S	Y	P	R	A	J	D
S	T	H	R	O	W	I	N	G	F	R	A	M	E
N	R	I	Z	Y	L	E	S	A	U	T	R	E	S
E	P	A	R	A	I	C	E	H	O	C	K	E	Y
S	C	I	P	M	Y	L	F	A	E	D	T	L	C

ADAPTIVE　　BIATHLON　　BLADERUNNER　　SPIRIT IN MOTION
TANDEM　　PARA BOB　　POWERLIFTING　　SENSORY MEDALS
BOCCIA　　EYESHADES　　DEAFLYMPICS　　PARA ICE HOCKEY
TETHER　　LES AUTRES　　PROSTHETIC　　THROWING FRAME

SOCCER SKILLS & TRICKS

L	I	N	S	I	D	E	H	O	O	K	S	I	A
O	V	E	H	Y	E	L	B	B	I	R	D	L	C
R	A	B	O	C	R	K	T	S	R	L	W	C	O
T	A	C	K	L	T	C	S	H	I	E	L	D	V
N	R	U	T	K	C	A	B	G	A	R	D	M	E
O	L	W	Z	R	P	T	C	A	N	O	B	A	R
C	U	S	I	H	I	G	U	L	Y	U	C	J	H
L	E	T	S	V	X	N	S	H	E	L	Y	V	E
L	D	U	R	P	B	I	H	X	K	E	A	J	A
A	P	Y	A	R	M	D	I	O	C	T	H	S	D
B	L	E	N	T	U	I	O	G	O	T	U	S	K
M	K	D	Q	J	H	L	N	C	J	E	J	J	I
H	C	U	O	T	T	S	R	I	F	W	P	K	C
D	L	E	S	C	I	S	S	O	R	K	I	C	K

OVERHEAD KICK   JOCKEY   DRAG BACK TURN

SCISSOR KICK   CUSHION   BALL CONTROL

HEEL CATCH   ROULETTE   FIRST TOUCH

DRIBBLE   INSIDE HOOK   PUSH PASS

SHIELD   SLIDING TACKLE   RABONA

L	E	Y	E	L	L	O	V	E	D	I	S	J	E
T	U	T	S	I	O	E	V	A	L	L	E	Y	R
O	N	E	U	C	R	U	Y	F	F	T	U	R	N
H	C	V	E	R	T	Z	F	E	I	D	A	P	F
S	D	I	V	I	N	G	H	E	A	D	E	R	L
P	I	S	H	U	O	A	N	D	I	O	H	Z	I
I	N	R	T	E	C	P	N	T	S	N	S	P	C
H	T	M	Q	L	T	E	M	D	X	Q	T	S	K
C	E	R	B	O	S	E	L	A	S	T	I	C	O
G	R	A	B	W	E	P	Z	G	N	H	D	M	V
F	C	R	D	T	H	R	N	K	G	K	O	G	E
I	E	L	A	E	C	O	Z	K	D	U	C	O	R
S	P	S	H	N	R	X	T	S	Z	F	J	G	T
F	T	B	L	O	C	K	T	A	C	K	L	E	Q

DIVING HEADER	JUGGLE	TURN AND SHOOT
SIDE VOLLEY	ONE TWO	BLOCK TACKLE
CHIP SHOT	INTERCEPT	FLICKOVER
NUTMEG	CRUYFF TURN	ELASTICO
FEINT	CHEST CONTROL	HEADER

BASEBALL

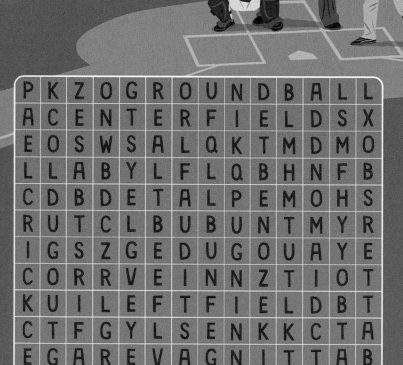

P	K	Z	O	G	R	O	U	N	D	B	A	L	L
A	C	E	N	T	E	R	F	I	E	L	D	S	X
E	O	S	W	S	A	L	Q	K	T	M	D	M	O
L	L	A	B	Y	L	F	L	Q	B	H	N	F	B
C	D	B	D	E	T	A	L	P	E	M	O	H	S
R	U	T	C	L	B	U	B	U	N	T	M	Y	R
I	G	S	Z	G	E	D	U	G	O	U	A	Y	E
C	O	R	R	V	E	I	N	N	Z	T	I	O	T
K	U	I	L	E	F	T	F	I	E	L	D	B	T
C	T	F	G	Y	L	S	E	N	K	K	C	T	A
E	G	A	R	E	V	A	G	N	I	T	T	A	B
D	R	E	Q	G	U	M	P	I	R	E	X	B	U
N	E	P	L	L	U	B	L	T	T	J	V	W	E
O	P	O	T	S	T	R	O	H	S	L	Z	H	W

BATTER'S BOX   BALK   ON DECK CIRCLE   UMPIRE

SHORT STOP   BATBOY   STRIKE ZONE   BULLPEN

FLY BALL   DIAMOND   LEFT FIELD   FIRST BASE

INFIELD   HOME PLATE   DUGOUT   CENTER FIELD

BUNT   GROUND BALL   INNING   BATTING AVERAGE

BASEBALL

D	L	E	I	F	T	H	G	I	R	D	R	J	N
L	D	S	A	F	E	O	C	C	U	D	H	D	H
Z	C	A	T	C	H	E	R	S	B	O	X	N	T
B	T	B	E	N	C	H	M	E	D	U	E	U	H
O	S	D	N	D	M	O	T	T	O	B	U	O	I
U	E	N	I	L	S	S	A	R	G	L	M	M	R
T	U	O	L	N	Y	T	G	K	H	E	P	S	D
F	G	C	L	F	D	R	A	B	R	P	R	R	B
I	A	E	U	F	Y	I	E	U	I	L	J	E	A
E	E	S	O	O	B	K	N	T	A	A	A	H	S
L	L	Y	F	K	J	E	O	F	T	Y	F	C	E
D	G	B	N	C	S	U	R	R	S	A	H	T	H
J	I	N	F	I	E	L	D	F	L	Y	B	I	A
C	B	X	J	P	M	W	S	X	I	Q	Z	P	Y

SECOND BASE BENCH

GRASS LINE BATTERY

OUTFIELD THIRD BASE

STRIKE BIG LEAGUES

TAG PITCHER'S MOUND

SAFE DOUBLE PLAY

PICKOFF INFIELD FLY

HOME RUN FOUL LINE

RIGHT FIELD BOTTOM

CATCHER'S BOX OUT

THROWING SPORTS

F	I	N	N	Y	R	E	V	I	L	E	D	C	A
R	E	V	E	I	R	T	E	R	I	L	P	P	H
T	C	G	P	E	L	G	Q	Q	V	C	P	C	A
R	F	E	W	X	M	E	V	S	N	R	T	X	C
E	I	P	I	V	O	T	V	O	I	Z	V	C
L	N	J	G	P	O	G	I	A	W	C	Y	O	E
L	N	R	D	N	Y	T	C	S	J	G	D	J	L
U	I	E	E	R	I	H	T	L	A	N	N	J	E
P	S	M	C	S	A	O	W	P	W	I	H	Z	R
E	H	M	N	F	O	O	U	M	F	W	W	D	A
P	G	A	A	F	D	D	B	S	G	O	U	W	T
A	R	H	T	A	N	O	O	E	U	R	K	P	I
T	I	L	S	I	T	U	P	T	O	H	S	Q	O
A	P	O	W	E	R	P	O	S	I	T	I	O	N

POWER POSITION   WIND UP   THROWING CIRCLE
ACCELERATION   DELIVERY   FINNISH GRIP
TAPE PULLER   RETRIEVER   TRANSITION
TOE BOARD   FOOT SWITCH   APPROACH
SHOTPUT   JAVELIN
HAMMER   STANCE
PIVOT   V GRIP

```
H G U O R H T W O L L O F S
G N P Q O E L T B A W Z Z O
W I I T T D P R W A L O K S
H K R A C T R A T S T R K P
S C G R E T R T A Y A R X E
B O N A S D I S C M S J S T
G C A S H Y O H K T M A X S
Z N C T W R E C O V E R Y S
F L I G H T E U M L A S M S
H W R K L H N O E V S U M O
D X E U C I V R V J U C J R
S N M L P O D C Q P R S A C
M E A S U R L E H D E I V E
C R O S T O P B O A R D N V
```

CROUCH START   GLIDE   FOLLOW THROUGH
STOP BOARD   DISCUS   CROSS STEPS
RECOVERY   RELEASE   CHECKMARK
COCKING   MEASURER   BLOCKING
SECTOR   WITHDRAWAL   T START
SPIN   AMERICAN GRIP   FLIGHT

BADMINTON

T	P	V	P	X	S	W	E	E	T	S	P	O	T
D	O	U	B	L	E	S	A	N	O	T	U	W	M
E	N	H	W	C	R	E	G	N	L	U	D	G	A
C	L	E	S	R	V	B	L	O	C	K	H	B	X
T	O	H	S	T	E	N	N	I	P	R	I	A	H
P	V	M	R	S	R	H	E	T	F	G	J	C	H
T	A	Y	U	F	S	U	V	P	D	T	B	K	Q
I	C	L	E	A	R	G	O	E	L	A	Y	S	J
O	Q	D	M	X	H	C	F	C	S	M	K	W	X
N	X	S	R	E	H	T	A	E	F	C	K	I	H
B	I	R	D	I	E	S	L	D	I	L	X	N	W
T	Q	Y	Z	C	V	I	U	L	L	N	A	G	U
H	A	I	R	P	N	E	F	T	R	N	T	H	M
K	C	O	C	E	L	T	T	U	H	S	B	X	S

BACKSWING

DECEPTION   BLOCK

BASELINE   DOUBLES

SMASH   FEATHERS

CLEAR   SWEET SPOT   BIRDIE

DRIVE   SHUTTLECOCK   SERVE

FLICK   HAIRPIN NET SHOT   FEINT

LIFT   HALF COURT SHOT

B	A	C	K	H	A	N	D	G	R	I	P	C	M
Z	S	J	K	E	V	R	E	S	K	C	I	L	F
R	A	L	L	Y	O	Y	L	A	X	O	X	R	F
A	Q	F	I	P	M	Z	Z	R	K	C	R	C	R
C	F	M	S	C	D	W	O	O	D	S	H	O	T
K	N	H	M	N	E	T	S	E	O	T	S	N	K
E	O	G	D	D	A	N	I	S	H	W	I	P	E
T	R	U	O	C	K	C	A	B	T	O	L	N	U
L	O	B	J	K	G	R	H	Y	P	A	U	C	Q
U	L	V	C	P	I	M	G	E	T	Z	N	O	C
A	N	I	C	N	N	L	M	Z	O	B	G	C	V
F	W	O	O	H	T	A	L	H	C	W	E	V	E
F	R	Y	I	N	G	P	A	N	G	R	I	P	Q
D	R	O	P	T	O	H	S	T	E	N	I	E	L

LOB   DANISH WIPE   SLICE
RALLY   WOOD SHOT   FAULT
STANCE   NET SHOT   RACKET
FLICK SERVE   LUNGE   DROP SHOT
               TOUCH   GAME POINT
               KILL   BACK COURT
                                  BACKHAND GRIP
                                  FRYING PAN GRIP

EQUESTRIAN

P	I	R	O	U	T	E	G	A	S	S	A	P	U
A	Z	D	B	S	T	V	C	R	E	G	F	A	J
S	E	Y	S	T	P	E	A	E	B	K	L	N	C
A	J	P	T	I	J	N	S	T	R	O	I	Z	X
D	Q	F	A	U	L	T	S	N	U	Q	B	D	R
D	X	F	C	I	A	I	R	A	S	H	Y	E	F
L	F	F	L	Y	I	N	G	C	H	A	N	G	E
E	F	L	E	B	B	G	E	G	F	H	E	T	R
S	T	I	A	G	D	E	T	C	E	L	L	O	C
T	R	A	K	J	A	X	N	K	N	W	W	B	O
A	O	J	Z	R	A	J	A	F	C	E	O	F	F
I	T	U	N	P	I	R	O	U	E	T	T	E	F
D	E	V	E	N	T	B	O	T	F	A	T	Z	I
Y	R	T	N	U	O	C	S	S	O	R	C	M	N

BRUSH FENCE   TRAKEHNER   PASSAGE   CANTER

FLYING CHANGE   PIROUETTE   EVENTING   SADDLE

CROSS COUNTRY   OBSTACLE   FAULTS

COLLECTED GAITS   COFFIN

PIAFFE

TROT

1   1

EQUESTRIAN

X	K	N	A	B	Y	D	N	A	M	R	O	N	S
E	Q	D	R	O	P	F	E	N	C	E	N	M	C
H	X	I	Y	L	L	U	B	S	Y	B	I	O	O
E	K	T	H	G	A	M	R	G	X	V	R	R	U
C	A	C	E	U	P	E	I	Y	Z	N	E	N	N
N	O	H	M	N	N	Y	D	Y	E	B	D	A	T
E	X	T	E	R	D	T	L	R	S	B	L	M	E
F	G	W	N	E	U	E	E	Y	R	M	U	O	R
P	N	A	W	I	S	F	D	R	E	X	O	Y	C
O	I	X	S	N	U	I	T	G	V	I	H	B	A
R	P	E	S	S	A	P	F	L	A	H	S	A	N
D	M	Y	A	F	E	Q	X	Q	R	I	Y	M	T
E	U	L	H	O	J	R	Z	O	T	C	T	K	E
H	J	N	T	E	R	T	D	K	K	N	H	S	R

SHOULDER IN   REINS   NORMANDY BANK   BRIDLE
JUMPING   HUNTER   HALF PASS   REFUSAL
CORNER   DRESSAGE   TRAVERS   DROP FENCE
OXER   EXTENDED GAITS   DITCH   COUNTER CANTER

TABLE TENNIS

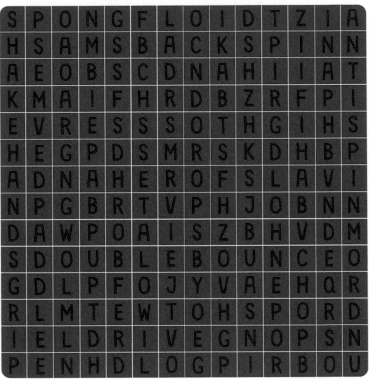

```
S P O N G F L O I D T Z I A
H S A M S B A C K S P I N N
A E O B S C D N A H I I A T
K M A I F H R D B Z R F P I
E V R E S S S O T H G I H S
H E G P D S M R S K D H B P
A D N A H E R O F S L A V I
N P G B R T V P H J O B N N
D A W P O A I S Z B H V D M
S D O U B L E B O U N C E O
G D L P F O J Y V A E H Q R
R L M T E W T O H S P O R D
I E L D R I V E G N O P S N
P E N H D L O G P I R B O U
```

LOB	PIPS	BACKSPIN	FOREHAND
CHOP	FLIP	ANTISPIN	CROSSOVER
DRIVE		PADDLE	DROP SHOT
HEAVY		SPONGE	PENHOLD GRIP
SMASH			DOUBLE BOUNCE
			HIGH TOSS SERVE
			SHAKE HANDS GRIP

S	P	I	N	G	R	E	L	L	I	N	E	E	S
E	U	C	L	O	S	E	D	R	A	C	K	E	T
E	S	U	Q	P	K	N	B	Y	D	Q	Q	D	I
M	H	Q	O	O	X	I	L	B	L	O	C	K	G
I	G	O	S	S	P	L	B	D	U	C	Q	R	H
L	L	A	B	D	A	E	D	X	T	R	E	O	T
L	N	B	K	R	X	H	N	P	H	O	T	W	F
E	R	A	D	J	Z	T	I	R	Y	S	R	T	V
R	D	C	B	H	C	N	X	Y	A	S	I	O	F
G	C	K	J	L	G	W	G	S	J	C	A	O	P
R	A	H	P	P	A	O	H	C	Y	O	K	F	O
I	R	A	O	I	D	D	E	E	P	U	R	E	L
P	P	N	H	G	P	P	E	Y	C	R	B	L	T
I	G	D	Q	E	V	I	M	F	T	T	I	U	H

CLOSED RACKET   BLADE   BLOCK   CHO

SEEMILLER GRIP   RUBBER   RALLY   DEEP

DOWN THE LINE   DEAD BALL   TIGHT   PUSH

CROSS COURT   PING PONG   LOOP

OPEN RACKET   FOOTWORK

BACKHAND

AUSSIE RULES FOOTBALL

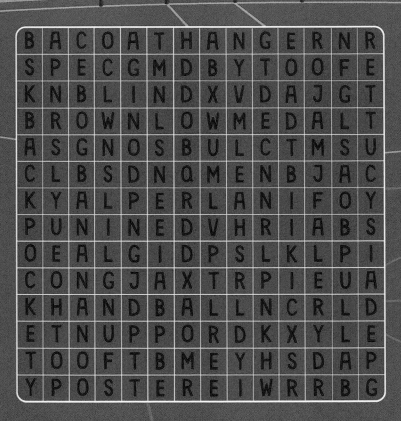

B	A	C	O	A	T	H	A	N	G	E	R	N	R
S	P	E	C	G	M	D	B	Y	T	O	O	F	E
K	N	B	L	I	N	D	X	V	D	A	J	G	T
B	R	O	W	N	L	O	W	M	E	D	A	L	T
A	S	G	N	O	S	B	U	L	C	T	M	S	U
C	L	B	S	D	N	Q	M	E	N	B	J	A	C
K	Y	A	L	P	E	R	L	A	N	I	F	O	Y
P	U	N	I	N	E	D	V	H	R	I	A	B	S
O	E	A	L	G	I	D	P	S	L	K	L	P	I
C	O	N	G	J	A	X	T	R	P	I	E	U	A
K	H	A	N	D	B	A	L	L	N	C	R	L	D
E	T	N	U	P	P	O	R	D	K	X	Y	L	E
T	O	O	F	T	B	M	E	Y	H	S	D	A	P
Y	P	O	S	T	E	R	E	I	W	R	R	B	G

FINAL REPLAY	MARK	BROWNLOW MEDAL
CLUB SONGS	TAGGER	BACK POCKET
HANDBALL	BLINDER	ADVANTAGE
BALL-UP	DROP PUNT	BANANA
SPECKY	COATHANGER	POSTER
MAJOR	DAISY CUTTER	FOOTY

AUSSIE RULES FOOTBALL

R	D	F	R	E	E	K	I	C	K	O	P	Z	O
C	E	N	T	R	S	L	O	B	E	N	B	N	L
N	E	R	I	S	L	A	N	I	F	E	O	K	S
T	O	P	E	H	O	H	S	L	I	H	S	G	N
W	M	R	O	V	E	R	H	L	M	U	S	B	O
U	E	C	N	U	O	B	E	S	T	N	O	C	I
M	L	H	O	A	R	A	P	W	Y	D	U	L	S
A	Y	E	L	U	D	A	H	V	E	R	S	A	S
X	T	C	C	S	G	J	E	P	L	E	O	N	E
E	L	K	C	A	T	P	R	O	T	D	K	G	S
U	A	S	D	H	C	O	D	U	E	C	N	E	S
M	N	I	R	X	T	R	C	P	A	L	A	R	O
R	E	D	D	A	L	P	E	T	S	U	I	Y	P
F	P	E	N	K	E	N	R	U	O	B	L	E	M

LEADS POSSESSIONS
CLANGER FREE KICK
CHECKSIDE BOUNCE
STEPLADDER TACKLE
ONE HUNDRED CLUB ROVER
FINAL SIREN BEHIND
SHEPHERD TORPEDO
PENALTY MELBOURNE
UMPIRE
RUCK

```
C H O B E K I B E L C S U M
V I I C E R A C I N G J D M
E L B M A R C S E R A H M W
D L D S R E H T A E L O U U
R C R E Y S Y N X G P R S K
A L T O E U D U O A J S O S
G I C H O P P E R T L E L P
R M M G R E S J U N Y P E R
A B R I X R Z D D I X O R I
C I X B U S F Y N V T W I N
I N D U R P A W E A S E K T
N G A U T O R A C E L R E I
G N I C A R R A C E D I S N
R A N M O T O C R O S S N G
```

HILL CLIMBING   ENDURO   SIDECAR RACING

MUSCLE BIKE   LEATHERS   HARE SCRAMBLE

MOTOCROSS   LAND SPEED   DRAG RACING

ICE RACING   SUPERSPORT   UK SPRINTING

CHOPPER   HORSEPOWER

V TWIN   GRAND PRIX

AUTORACE

VINTAGE

E	K	L	B	O	A	R	D	T	R	A	C	K	L
Y	C	R	O	T	S	C	S	L	T	K	R	M	E
U	A	D	X	O	D	A	O	R	F	F	O	I	I
R	R	W	H	M	E	U	Q	R	O	T	S	Y	L
A	T	E	D	R	A	L	X	J	O	L	S	R	E
L	S	U	P	E	P	V	R	G	E	E	C	O	E
L	S	M	O	P	E	Z	P	O	T	K	O	A	H
Y	A	P	E	U	X	P	F	L	U	I	U	D	W
R	R	A	L	S	D	M	S	I	O	B	N	R	R
A	G	N	I	C	A	R	K	C	A	R	T	A	E
I	S	L	E	N	G	C	M	M	Y	E	R	C	D
D	I	R	T	T	R	A	C	K	O	P	Y	I	T
M	O	T	O	G	E	C	N	A	R	U	D	N	E
T	S	S	O	R	C	R	E	P	U	S	C	G	V

APEX	TRACK RACING	RALLY RAID
TORQUE	ROAD RACING	SUPERCROSS
MOTO GP	DIRT TRACK	BOARD TRACK
OFFROAD	SUPERBIKE	CROSS COUNTRY
SPEEDWAY	WHEELIE	
SUPERMOTO		
ENDURANCE		
GRASS TRACK		
ISLE OF MAN TT		

EXTREME SPORTS

S	O	C	A	V	E	D	I	V	I	N	G	G	G
G	N	I	P	M	U	J	E	S	A	B	N	N	N
N	G	N	I	B	M	I	L	C	E	C	I	I	I
I	N	M	W	R	C	M	D	Z	R	K	F	T	D
D	I	G	N	I	C	A	R	R	I	A	R	A	R
R	V	B	G	O	N	Q	B	H	Z	U	K	A	A
A	I	A	L	J	J	D	N	M	F	O	S	S	O
O	D	J	I	G	N	I	S	I	N	G	E	T	B
B	Y	Z	D	X	A	A	U	U	T	D	T	R	E
Y	K	K	I	T	E	S	U	F	R	N	I	E	T
D	S	S	N	O	C	R	O	S	S	F	K	V	A
O	C	U	G	Y	Y	B	D	M	D	F	I	J	K
B	O	G	N	I	D	R	A	O	B	W	O	N	S
M	Y	G	T	R	I	C	K	L	I	N	I	N	G

BODYBOARDING   GLIDING   SKATEBOARDING   SKYDIVING

WINDSURFING   TRICKLINING   VERT SKATING   ICE CLIMBING

AIR RACING   KITE SURFING   CAVE DIVING   BASE JUMPING

MMA   SNOWBOARDING   SNOCROSS   MOUNTAIN BIKING

```
G N I Y L F T I U S G N I W
S T R E E T L U G E R O G J
G N I L I A S D N A L H N I
N J T R J A T H I O P T I G
I S R K E U Q R D A A A B N
D U U L T R A M R T R R M I
I R C T S B X A A R K A I D
R F K J K G G M O Y O M L I
L I R P I L L Z B N U A C L
L N A E I C E R E J R R O G
U G C D N I Q P K V G T L G
B U I H G T R I A T H L O N
S N N D S A I L W I N U S A
G L G N I I K S R E T A W H
```

SOLO CLIMBING   SURFING   WINGSUIT FLYING   TRIATHLON
PARAGLIDING   BULL RIDING   HANG GLIDING   WATERSKIING
JET SKIING   LAND SAILING   STREET LUGE   TRUCK RACING
BMX   WAKEBOARDING   PARKOUR   ULTRAMARATHON

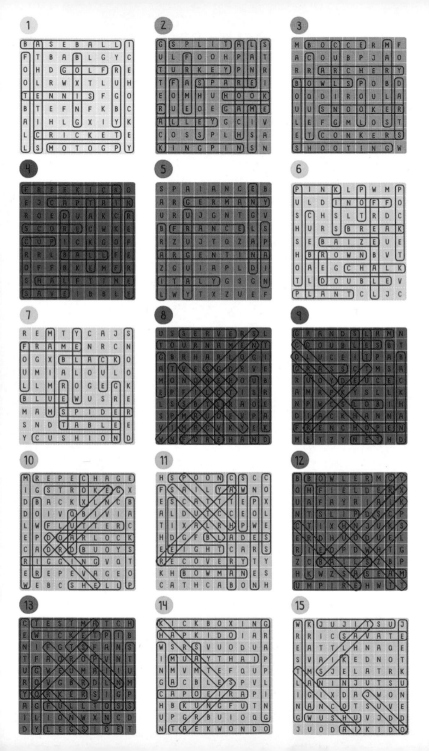

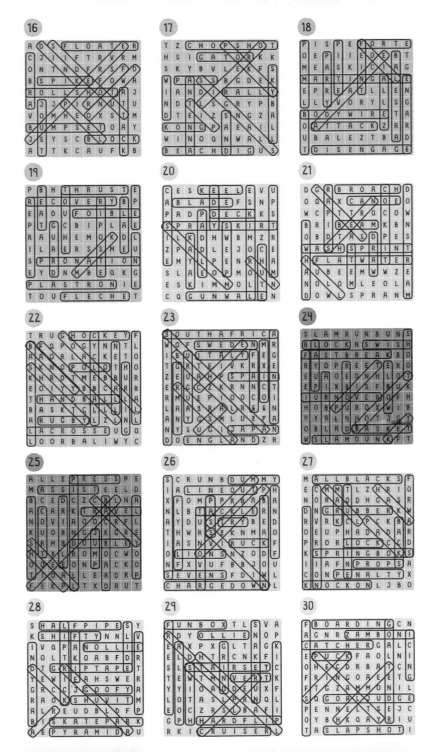

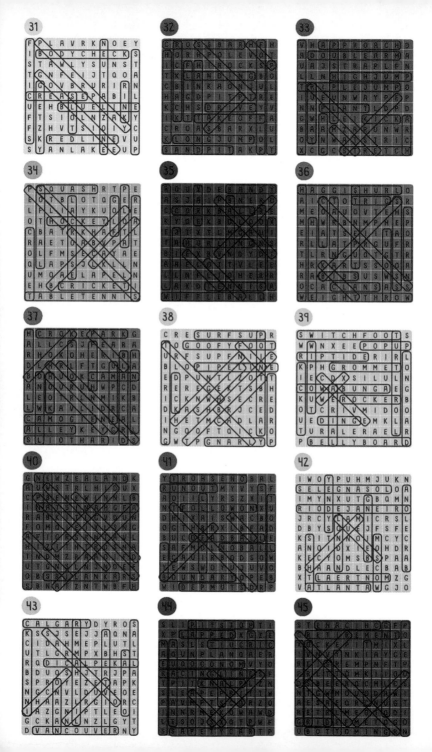

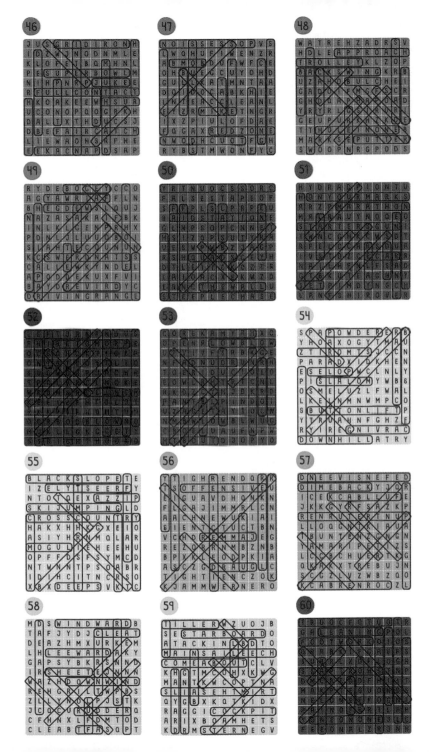

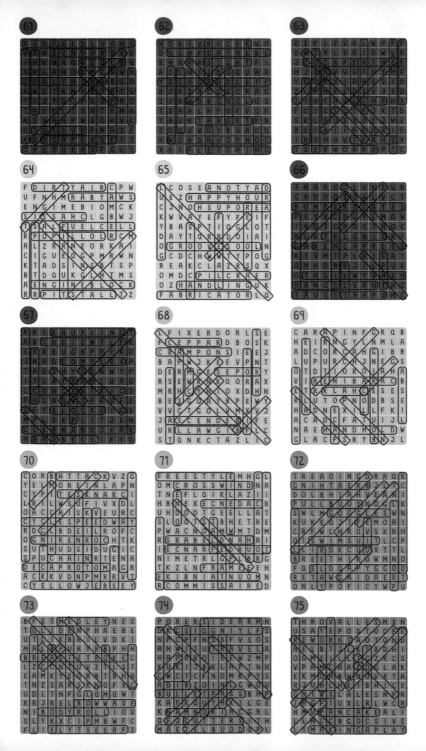

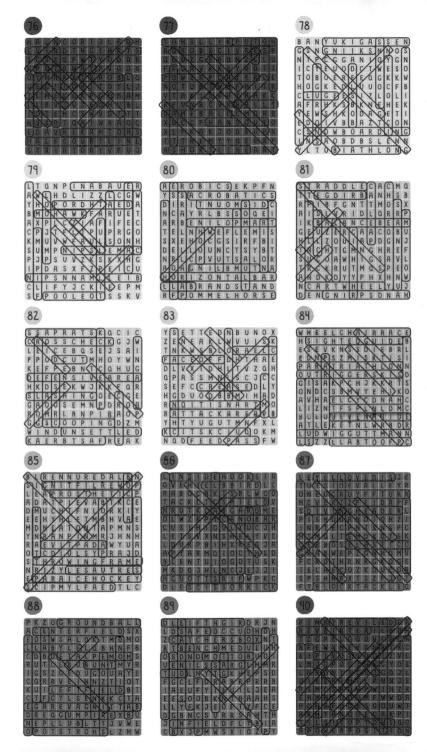

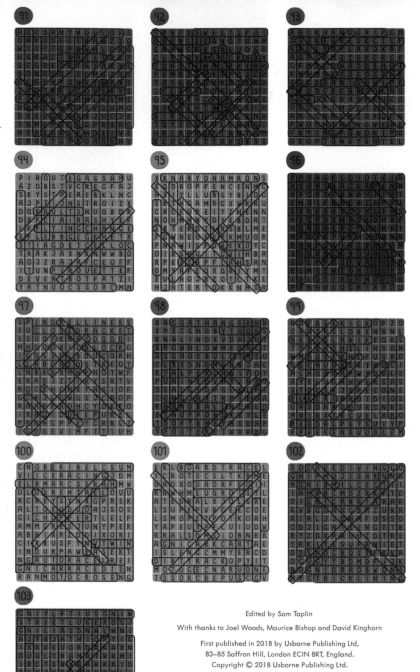

Edited by Sam Taplin

With thanks to Joel Woods, Maurice Bishop and David Kinghorn

First published in 2018 by Usborne Publishing Ltd,
83–85 Saffron Hill, London ECIN 8RT, England.
Copyright © 2018 Usborne Publishing Ltd.